PAUL ARÈNE

LA
GUEUSE PARFUMÉE

RÉCITS PROVENÇAUX

JEAN DES FIGUES
LE TOR D'ENTRAYS — LE CLOS DES AMES
LA MORT DE PAN
LE CANOT DES SIX CAPITAINES

> Monsieur Godeau dit entre autres choses dans sa harangue : « La Provence est fort » pauvre, et comme elle ne porte que des » jasmins et des orangers, on la peut » appeler une gueuse parfumée. »
>
> *Menagiana.*

PARIS

CHARPENTIER ET Cⁱᵉ, LIBRAIRES-ÉDITEURS

13, RUE DE GRENELLE-SAINT-GERMAIN, 13

1876

LA

GUEUSE PARFUMÉE

PARIS. — IMPRIMERIE DE E. MARTINET, RUE MIGNON, 2.

JEAN-DES-FIGUES

A ALPHONSE DAUDET.

JEAN-DES-FIGUES

I

LES FIGUES-FLEURS

Je vins au monde au pied d'un figuier, il y a vingt-cinq ans, un jour que les cigales chantaient et que les figues-fleurs, distillant leur goutte de miel, s'ouvraient au soleil et faisaient la perle. Voilà, certes, une jolie façon de naître, mais je n'y eus aucun mérite.

Aux cris que je poussais (ma mère ne se plaignit même pas, la sainte femme!), mon brave homme de père, qui moissonnait dans le haut du champ, accourut. Une source coulait là près, on me lava dans l'eau vive; ma mère, faute de langes, me roula tout nu dans son fichu rouge; mon père, afin que j'eusse plus chaud, prit, pour m'emmailloter, une paire de chausses terreuses qui séchaient pendues aux branches du figuier; et comme le jour s'en allait avec le soleil, on mit sur le dos de notre âne Blanquet, par-dessus le bât, les deux grands sacs de sparterie tressée; ma mère s'assit dans l'un, mon père me posa dans l'autre en même temps qu'un panier de figues nouvelles, et c'est ainsi que je fis mon entrée à Canteperdrix, par le portail Saint-Jaume, au milieu des félicitations et des rires, accompagné de tous nos voisins que le soir chassait des champs comme nous, et perdu jusqu'au cou dans les larges feuilles fraîches dont on avait eu soin de recouvrir le panier. Le lit devait être doux, mais les figues furent un peu foulées. De ce jour, le surnom de *Jean-des-Figues* me resta, et jamais les gens de ma ville, tous dotés de surnoms comme moi, les Corbeau-blanc, les Saigne-flacon, les Mange-loup, les Platon, les Cicéron, les Loutres, les Martres et les Hirondelles ne m'ont appelé autrement.

Vous voyez que mon destin était des plus modestes et que je ne descendais, hélas! ni d'un notaire ni d'un conservateur des hypothèques, les deux grandes dignités de chez nous. Mais, quoique fils de paysans, et enveloppé pour premiers langes dans de vieilles chausses trouées et souillées de terre, je suis de race cependant. La petite ville de Canteperdrix, comme tant d'autres cités de notre coin du Midi, s'est gouvernée en république, ou peu s'en faut, entre son rocher, ses remparts et sa rivière, de temps immémorial jusqu'au règne de Louis XIV. Aussi bien, — et ce n'est pas l'héritage dont je remercie le moins ceux-là qui me l'ont gardé, — me suis-je trouvé être venu au monde avec la main fine et l'âme fière, ce qui par là suite me permit de porter des gants sans apprentissage et de n'avoir pas l'air trop humble devant personne : les deux grands secrets du savoir-vivre, à ce que j'ai cru deviner depuis.

D'ailleurs, en cherchant bien, qui est sûr de n'être pas un peu noble, dans un pays surtout où la marchandise anoblissait ? Je suis noble, moi, tout comme un autre ; un de mes aïeux, paraît-il, venu de Naples avec le roi René, apporta le premier l'arbre de grenade en Provence, et, sans remonter si loin, dans le pays on se souvient encore de *Vincent-Petite-Épée*, mon arrière-grand-père maternel. Que de fois n'ai-je pas entendu raconter son histoire ! Dernier rejeton d'une illustre famille ruinée, Vincent, après mille aventures de mer et de garnison, possédait pour toute fortune, quelques années avant 1789, deux ou trois journées de vigne qu'il cultivait lui-même. Il les maria bravement avec trois ou quatre journées de pré que lui apportait en dot la fille d'un voisin. C'est ainsi que naquit ma grand'mère. Mais quoique devenu paysan, Vincent n'en continua pas moins à porter l'épée. Les gens qui le voyaient suivre son âne au bois en tenue de gentilhomme lui criaient : — « Bien le bonjour, Vincent l'Espazette !... Hé ! Vincent, qu'allez-vous faire de ce grand sabre ? » Et le bon Vincent répondait, sans paraître fâché de leurs plaisanteries : — « C'est pour couper des fagots, mes amis, pour couper des fagots ! »

A un moment de ma vie, le plus heureux sans aucun doute, où je me sentais l'âme assez large pour toutes les vanités, il m'arriva, je le confesse, de prendre ma noblesse au sérieux. Pendant quelques mois le tailleur qui m'habillait s'honora d'habiller M. le chevalier Jean-des-Figues, et je me vois encore faisant étinceler au petit doigt de ma main gauche une bague d'or blasonnée qui portait d'azur à un tas de figues mûrissantes.

I

L'OREILLE GAUCHE DE BLANQUET

Je n'étais pas né, vous le voyez, pour faire un homme extraordinaire, et je cultiverais encore, comme mon père et mon grand-père l'ont cultivé, notre champ de la Cigalière, sans un accident qui m'arriva lorsque j'avais deux ans.

C'était vers la fin mars; après avoir, comme toujours, passé ses mois d'hiver dans son moulin d'huile de la Grand'Place, au milieu des jarres et des sacs d'olives, mon père, fermant les portes une fois le beau temps venu, avait repris les travaux des champs.

Nous partions avec l'aube tous les matins; ma mère, à pied suivant l'usage, me faisait marcher et tirait la chèvre; mon père allait devant, au trot de Blanquet, jambe de-çà, jambe de-là, le bout de ses souliers traînant par terre, et, porté ainsi par ce petit âne gris, vous l'eussiez dit à cheval sur un gros lièvre.

Excellent Blanquet! comme je l'aimais avec ses belles oreilles touffues et son long poil blanchi en maint endroit par le soleil, les coups de bâton et la rosée. Outre mon père, qui était lourd, les couffins de sparterie et le bât, on le chargeait toujours de quelque chose encore, sac de semence ou tronc d'amandier, sans compter la pioche luisante mise en travers sur son cou pelé. Mais toute cette charge ne l'empêchait pas de filer gaiement, et son grelot tintant à chaque pas faisait un bruit plus joyeux que mélancolique.

Nous arrivions au champ; mon père et ma mère, suivant la saison, se mettaient aux oliviers ou à la vigne; on déchargeait l'âne; on attachait la chèvre quelque part, et, comme je n'étais pas encore bien solide sur mes pieds, j'avais mission de rester près d'elle à lui tenir compagnie, regardant les lézards courir sur le mur de pierre sèche et voler les sauterelles couleur de coquelicot.

Dans l'après-midi, au gros de la chaleur, nous cherchions un peu d'ombre pour manger un morceau, et dormir une demi-heure. Par malheur, la campagne de mon pays est une campagne où l'ombre est rare; aussi nos paysans ne font-ils pas de façons avec le soleil.

Je les vois encore par bandes de trois ou de quatre, couchés en rond sous l'ombre grêle d'un amandier; le pain de froment s'est durci à la chaleur et le vin a eu le temps de tiédir dans le petit *fiasque* garni de paille tressée; la terre brûle la culotte; l'amandier, de ses feuilles maigres, filtre le soleil comme un crible et fait à peine ombre sur le sol. Cela, néanmoins, paraît excellent aux braves gens, et c'est sans malice, si vous passez, qu'ils vous invitent à vous reposer un instant près d'eux, — « au bon frais ! »

Mon père, qui avait des idées sur tout, imagina un meilleur système. Au beau milieu du champ tout blanc de soleil, il apportait une grosse pierre, y attachait l'âne, puis, jetant sa veste à terre, il s'asseyait dessus, tirait le dîner du bissac, et nous voilà tous les trois en train de faire notre repas à l'ombre de l'âne, mon père à côté de la grosse pierre, près de la tête de Blanquet par conséquent, ma mère un peu plus bas, vers la queue, et moi tranquille sous l'oreille gauche ; l'ombre de l'oreille droite, d'aussi loin qu'on s'en souvienne, ayant toujours été réservée au fiasque de vin.

Le repas fini, on dormait un peu, chacun à sa place. Tout petit que j'étais, il me fallait faire comme les autres. A l'ombre de l'oreille de Blanquet, dans la chaleur assoupissante, je fermais les yeux béatement, puis je les rouvrais, et, sans rien dire, comme effrayé du bruyant silence de midi, je regardais le ciel luisant et tout en satin bleu, le soleil sur la campagne déserte, mon père et ma mère qui dormaient, Blanquet immobile près de sa pierre, et la chèvre mordant les bourgeons gourmands, debout contre le tronc d'un amandier. Puis le sommeil me reprenait et je fermais les yeux de nouveau. Alors je n'entendais plus que le tapage enragé des cigales, le cri de l'herbe brûlée par le soleil, le chant isolé de l'ortolan, le roulement lointain de la Durance, et, de temps en temps, le grelot de Blanquet tourmenté par les mouches.

Ah! Blanquet, le seul vrai sage que j'aie rencontré de ma vie, quelle mouche philosophique t'avait donc piqué, le jour où, contre ton habitude, tu remuas si fort l'oreille, — cette adorable oreille gauche, gris d'argent par dehors comme la feuille d'olivier, et garnie en dedans de belles touffes de poils fauves, — l'oreille à l'ombre de laquelle je dormais! Qui sait? les ânes ainsi que les hommes ont parfois leur moment de paresse sublime et de poésie. Face à face avec l'ardent paysage, peut-être remâchais-tu, en même temps qu'une bouchée d'herbe, quelque savoureuse théorie, et confondant ton être avec l'être universel, te roulais-tu dans le panthéisme comme dans une bonne et fraîche litière. Peut-être aussi, Blanquet, rêvais-tu plus doucement! car si ton crâne dur et tout bossué sous l'épaisseur du poil était d'un philosophe, ta lèvre gourmande, ton œil profond et noir étaient d'un poëte ou d'un amoureux; peut-être songeais-tu aux vertes idylles de ta jeunesse tout embaumées des senteurs du foin nouveau, et à cette folle petite bourrique de mon oncle, qui, lorsqu'on la menait au mas, te répondait de loin par-dessus la rivière.

Mais que la cause de ta distraction ait été la philosophie ou l'amour, je t'en prie, ô Blanquet! ne garde aucun remords au fond de ton âme d'âne. Comment t'en voudrais-je d'avoir une fois par hasard remué l'oreille, moi qui, dans le courant de ma vie, remuai l'oreille si souvent! Est-on d'ailleurs jamais sûr que ceci soit bonheur et cela malheur en ce monde? J'avoue pour mon compte qu'après y avoir réfléchi vingt-cinq ans, j'en suis encore à me demander si le brûlant rayon de soleil qui, par ton fait, m'est entré dans le cerveau, il faut le bénir ou m'en plaindre.

Donc, ce jour-là, Blanquet remua l'oreille, il la remua même si fort, qu'au lieu de dormir à son ombre, je dormis à côté une demi-heure durant, ma tête nue au grand soleil. Que vous dirai-je? je n'y voyais plus quand je m'éveillai; je trébuchais sur mes jambes comme une grive ivre de raisin, et il me semblait entendre chanter dans ma tête des millions, des milliards de cigales. — « Ah! mon pauvre enfant! il est perdu... » s'écriait ma mère.

Je n'en mourus pas cependant. A la ferme voisine, une vieille femme, avec des prières et un verre d'eau froide, me tira le rayon du cerveau. Vous connaissez le sortilége. Mais si bonne sorcière qu'elle fût, il paraît que le rayon ne sortit pas tout entier et qu'un morceau m'en resta dans la tête. Le pauvre Jean-des-Figues ne se guérit jamais bien de cette aventure; il en garda la raison un peu troublée et le cerveau plus chaud qu'il n'aurait fallu ; et quand plus tard, déjà grand, je passais des heures entières à regarder l'eau couler ou à poursuivre des papillons bleus dans les roches : — « Il y a du soleil là-dedans, » disaient les paysans, « il restera ainsi ! » Alors, d'entendre cela, ma mère pleurait, et mon père, se détournant bien vite, feignait de hausser les épaules.

III

SOUVENIRS D'ENFANCE.

En attendant, je ne faisais rien ou pas grand'chose de bon. Comment ai-je appris à lire? Je l'ignorerais encore si l'on ne m'avait dit que ce fut rue des Clastres, au troisième étage, dans l'ancien réfectoire d'un couvent, où M. Antoine, mort l'an passé, tenait son école, et j'ai besoin de descendre bien avant dans mes souvenirs pour retrouver la vague image — si vague, que parfois, elle me semble un rêve — d'une grande salle blanche et voûtée, pleine de bancs boiteux, de cartables et de tapage, avec un vieux bonhomme brandissant sa canne sur une estrade, et descendant parfois pour battre quelque pauvre petit diable ébouriffé, qui restait après cela des heures à pleurer en silence et à souffler sur ses doigts meurtris.

Un souvenir pourtant surnage entre toutes ces choses oubliées : le paravent de M. Antoine. Que de reconnaissance ne lui dois-je pas, à ce vénérable paravent déchiré aux angles, pour tant de merveilleux voyages qu'il me fit faire en imagination pendant l'ennui des longues classes! Car lui, le premier, m'ouvrit le monde du rêve et de la poésie; lui, le premier, m'apprit qu'il existait sur terre des pays plus beaux que Canteperdrix, d'autres maisons que nos maisons basses, et d'autres forêts que nos oliviers!

Il représentait, ce paravent, un flottant paysage aux couleurs ternies, encombré de jets d'eau, de châteaux en terrasse, de grands cerfs courant par les futaies, de paons dorés qui traînaient leur queue, et de hérons pensifs debout sur un pied, au milieu d'une touffe de glaïeuls. Et le joueur de flûte assis sous le portique d'un vieux temple, et la belle dame qui l'écoutait! Le joueur de flûte avait des jarretières roses, c'est de lui tout ce que je me rappelle, mais je trouvais la belle dame incomparablement belle dans sa longue robe de velours cramoisi et ses falbalas en point de Venise. Je m'imaginais quelquefois être le petit page qui venait derrière; je la suivais partout, au fond des allées, sous les charmilles; je ne pouvais me rassasier de la regarder. — Qui est cette belle dame? demandai-je un jour à M. Antoine, en rougissant sans savoir pourquoi. M. Antoine prit son air grave, et après avoir réfléchi : — Je ne connais pas le joueur de flûte, me répondit-il, mais la dame doit être madame de Pompadour. Madame de Pompadour! ce nom éclatant et doux, comme un sourire de favorite, ce nom amoureux et royal que je n'avais jamais entendu, produisit sur moi un effet extraordinaire. Madame de Pompadour! je ne songeai qu'à ce nom-là toute la nuit.

Sans madame de Pompadour, j'aurais été malheureux à l'école, mais sa gracieuse compagnie me faisait attendre avec patience l'heure où, les portes s'ouvrant enfin, nous prenions notre vol en liberté, mes amis et moi, vers tous les coins de Canteperdrix.

Personne, parmi tant de polissons fort érudits en ces matières, ne connaissait la ville et ses cachettes comme moi. Il n'y avait pas, dans tout le quartier du Rocher, un trou au mur, un brin d'herbe entre les pavés dont je ne fusse l'ami intime! Et quel quartier ce quartier du Rocher! Imaginez une vingtaine de rues en escaliers, taillées à pic, étroites, jonchées d'une épaisse litière de buis et de lavande sans laquelle le pied aurait glissé, et dégringolant les unes par-dessus les autres, comme dans un village arabe. De noires maisons en pierre froide les bordaient, si hautes qu'elles s'atteignaient presque par le sommet, laissant voir seulement une étroite bande de ciel, et si vieilles que sans les grands arceaux en ogive aussi vieux qu'elles qui enjambaient le pavé tous les dix pas, leurs façades n'auraient pas tenu en place et leurs toits seraient allés s'entre-baiser. Dans le langage du pays, ces rues s'appellent des *andrônes*. Quelquefois même, le terrain étant rare entre les remparts, une troisième maison était venue, Dieu sait quand! se poser par-dessus les arcs entre les deux premières; la rue alors passait dessous. C'étaient là les *couverts*, abri précieux pour polissonner les jours de pluie!

Nous descendions de temps en temps dans le quartier bas, aussi gai que le Rocher était sombre, avec ses rues bordées de jardinets et de petites maisons à un étage; mais nous préférions l'autre comme plus mystérieux. On était là les maîtres toute la journée, tant que nos pères restaient aux champs, jusqu'au moment où, le soir venu, la ville s'emplissait de monde, de femmes aux fenêtres, d'hommes qui quittaient leurs outils sur l'escalier, de gens qui dînaient assis dans la litière au milieu de la rue, pour profiter d'un reste de crépuscule, et de vieux attardés poussant leur âne : *Arri! arri! bourriquet!*

Ai-je assez couru dans les rues désertes! ai-je assez jeté de pierres contre la maison commune, où se balançaient, scellés au mur, les mesures et les poids confisqués jadis aux faux vendeurs! Quelle joie si on en ébranlait quelques-uns, car alors mesures et poids, se heurtant à grand bruit les jours de mistral, semaient sur la tête des passants, chose positivement comique, des plateaux rouillés et des poires en fer.

Ai-je, au péril de ma vie, déniché assez de pigeons dans les trous des tours, et dans les remparts tout dorés au printemps de violiers en fleur qui sentaient le miel! Pauvres vieux remparts, pauvres vieilles tours républicaines, ils ne nous défendent plus maintenant que de la tramontane et du vent marin ; mais derrière eux, pendant mille ans, nos aïeux se maintinrent fiers et libres. Et dire qu'un avocat libéral voulut un jour les faire détruire ; il les appelait dans son discours, — le misérable ! — des monuments de l'odieuse féodalité.

Mais mon plus grand bonheur était encore l'hiver, au moulin d'huile, quand Blanquet, les yeux bandés, tournait la meule où s'écrasaient les olives, quand l'eau bouillait en grondant, et qu'on voyait à chaque coup de presse un long filet d'or s'écouler dans les bassins. Au milieu de l'âcre fumée, sous cette voûte, claire tout à coup puis subitement replongée dans l'ombre, à mesure que la lampe accrochée à la meule tournait, mon père allait et venait, luisant et ruisselant, entre les groupes oisifs ; et ma mère, debout devant de grandes jarres de terre, écumait l'huile qui montait, jusqu'à ce que, tout recueilli, on lâchât l'eau jaune dans *les enfers*.

Moi, je restais dans mon coin assis sur les débris des olives pressées, rêvant d'une foule de choses inconnues, écoutant les paysans parler, leurs bons contes et leurs histoires, comprenant tout à demi et laissant à propos d'un rien ma pensée partir en voyage.

J'étais, comme on dit, *un imaginaire* ; j'avais les goûts les plus singuliers, collectionnant, j'ignore dans quel dessein mal entrevu, des herbes, des insectes et des pierres bizarres. Ne rapportai-je pas un jour fort précieusement, — on faillit en mourir de rire à la maison, — certain fragment d'un vase fort peu précieux que je prenais pour une antiquité romaine! Mystère des cerveaux d'enfant! Quel intérêt pouvais-je trouver à l'archéologie, ignorant que j'étais comme un petit sauvage?

Mon père voulut pourtant essayer de m'apprendre un peu d'arboriculture; mais au bout de trois mois de leçons, m'ayant chargé de prendre des greffes sur des espaliers pour en greffer des sauvageons, j'eus une distraction et j'entai, autant qu'il m'en souvient, les pousses des sauvageons sur les bons arbres. Pour le coup, il désespéra de moi, et voyant que je ne pourrais jamais faire un paysan, sur les conseils d'un sien parent qui était abbé, il m'envoya droit au collége, moi, les vases étrusques et madame de Pompadour.

IV

L'AME DE MON COUSIN

Maudisse le collége qui voudra! ce nom exécré ne me rappelle que longues courses dans les champs et souvenirs de haies fleuries. Ici, comme à l'école, le froid mortel des classes a glissé sur moi et ne m'a point pénétré, pareil à la goutte de pluie qui tombe et roule, sans le mouiller, sur le plumage lustré des hirondelles.

Quatre heures d'ennui par jour! Qu'est-ce que cela quand on tient dans son pupitre d'écolier la clef d'or qui ouvre la porte des rêves?... Quatre heures... Puis, nous nous en allions, non plus dans les sombres ruelles de la ville, mais à travers prés, à travers combes, jusqu'à ce qu'on s'arrêtât en quelque endroit bien à notre gré pour y traduire Horace et Virgile, couchés dans l'herbe.

Depuis ce temps, Horace et Virgile, et les impressions de mon enfance, et les choses de mon pays, tout se mêle et tout se confond. Vieux chênes verts que je prenais pour le hêtre large étendu des bergeries latines; petit pont sonore sous lequel j'ai tant rêvé, retentissant tout le jour des bruits de la grand'route qu'il porte, de la musique des grelots, du battement régulier des lourdes charrettes et de la voix rauque des paysans; maigres ruisseaux roulant des blocs l'hiver, presque à sec l'été, mais dont le léger bruit en tombant dans les rochers altérés sonnait harmonieux à notre oreille ainsi qu'un son de flûte antique; lointains souvenirs, paysages demi-effacés, je n'ai pour les faire revivre qu'à ouvrir deux livres bien jaunis et bien usés, les *Géorgiques* ou les *Odes*. Il y a là des fragments d'idylle, où vous ne verriez rien et qui sont pour moi un coin de vallon; des strophes entre les vers desquelles j'aperçois encore, comme entre les branches d'un buisson, le nid de merles que je découvris une après-midi en levant mes yeux de sur mon Horace; des odes qui veulent dire un sommeil à l'ombre et dont moi seul je sais le sens. Est-ce dans Virgile, est-ce dans Horace tout cela? Certes je l'ignore! Libre à vous de jeter au feu ces vieux livres, si vous ne trouvez pas entre leurs feuillets les fleurs desséchées de votre enfance, et si derrière les saules virgiliens, au lieu des blanches épaules de quelque Galathée rustique, vous apparaît pour tout souvenir la tête furieuse de votre premier maître d'études.

À cette époque, je faisais des vers, mais des vers latins comme Jean Second, le cardinal Bembo et le divin Sannazar; j'ai même retrouvé, il n'y a pas six mois, un petit cahier soigneusement calligraphié, avec ce titre en lettres romaines :

JOHANNIS FICULEI
OPERA QUÆ SUPERSUNT

Quæ supersunt ! comprenez-vous ? Ce qui reste, ce qui a surnagé des œuvres perdues de Jean-des-Figues. *Quæ supersunt*, comme pour Térence ou Plaute et les fragments mutilés de Tacite. *Opera* simplement eût été trop simple ; mais, *Opera quæ supersunt !*

Et, voyez le destin ! ce titre naïf qui vous fait sourire se trouva être juste en fin de compte. Jean-des-Figues n'acheva jamais de calligraphier son volume ; bien des strophes, bien des hexamètres restés en feuilles volantes se perdirent, et l'œuvre latine de Jean-des-Figues n'arrivera, hélas ! que très-incomplète aux siècles futurs : *Johannis Ficulei opera quæ supersunt.*

C'est qu'au milieu de mes travaux littéraires, une pensée était venue tout à coup troubler la tranquillité de mon âme. César, à vingt ans, pleurait de n'avoir encore rien conquis ; je venais de m'apercevoir avec terreur que moi Jean-des-Figues l'ensoleillé, je n'étais pas amoureux encore et que j'allais prendre mes quinze ans aux pastèques.

Amoureux à quinze ans ! c'était précoce ; aussi

cette belle idée d'être amoureux ne me vint-elle pas ainsi toute seule.

Et, à ce propos, qu'il me soit permis d'exprimer, sans sotte vanité comme sans fausse modestie, l'admiration profonde dont je me sens pénétré toutes les fois que, réfléchissant sur ma propre destinée, je considère les soins minutieux et les peines infinies que la nature doit prendre quand elle veut convenablement fêler un cerveau. — « L'homme s'agite et Dieu se promène, » a dit quelqu'un qui croyait être un grand philosophe ce jour-là. Dieu peut se promener quand un sage est en train de naître. Tout en effet dès la première divine chiquenaude étant ici-bas logiquement combiné, le fonctionnement régulier des forces doit fatalement, et sans qu'aucune volonté supérieure s'en mêle, créer une tête régulière, solide, carrée, pondérée, où tout est à sa place comme dans une maison bien gouvernée, une tête de sage, la tête de Socrate ou de Franklin. Mais si Dieu prétend, avec cette tête de sage, faire une tête de fou ; s'il veut, dans cette épaisse boîte où la sagesse tient son onguent, ouvrir l'imperceptible fissure par où se glissera la fantaisie, il faut bien alors que ce Dieu — fût-il insoucieux de nous comme les grands olympiens de Lucrèce — interrompe un instant sa promenade pour donner au crâne, sur l'endroit précis, le petit coup de marteau. C'est pourquoi les cerveaux fous, et le mien en particulier, me font croire à la Providence.

J'eus besoin, moi, de deux coups de marteau. J'avais reçu le premier bien jeune ; mais le ciel, dans sa bienveillance, m'en tenait un second réservé.

Ah ! Blanquet !... Ah ! cousin Mitre !...

Je ne saurais maintenant séparer votre souvenir; car toi, Blanquet, tu commenças l'œuvre en remuant l'oreille au soleil, et vous, Mitre, vous l'achevâtes, le jour où, servant, sans le savoir, les desseins que les dieux avaient sur moi, il vous plut d'abandonner au fond d'un galetas votre malle maudite et bénie !

Elle était dans la maison, cette malle, l'objet d'une religieuse terreur. Toujours inquiétante, toujours fermée, on l'avait reléguée au *plus-haut*, sous les combles, pêle-mêle avec les buffets vermoulus, les tableaux sans cadre et les vieux fauteuils hors d'usage. C'était la malle du *pauvre Mitre*... Quant au *pauvre Mitre*, que nous nommions toujours ainsi suivant le touchant usage adopté pour les morts, c'était le *pauvre Mitre*, voilà tout. Il était mort jeune, il avait dû faire des sottises, on ne parlait de lui et de sa malle qu'avec des airs mystérieux.

Qu'y avait-il donc dans cette malle ? Je restais quelquefois des heures à la regarder, partagé entre le désir de savoir et la crainte. Un matin, pourtant, je l'ouvris — on m'avait laissé seul à la maison, — je l'ouvris, le cœur palpitant et la main tremblante... Que de choses, grands dieux, j'y trouvai !

C'était, dans un fouillis de vieux journaux et de manuscrits inachevés :

Une pipe turque et sa blague,
Trois romans et cinq volumes de poésie,
Un miroir à main,
Un pistolet,
Une lime à ongles,
Un gant mignon qui sentait l'ambre,
Une liasse de lettres d'amour,
Un portrait de femme dans une pantoufle,
Et un oiseau-mouche empaillé !

De tout le jour, je ne quittai pas mes trésors, lisant les journaux, feuilletant les livres, dénouant, que l'ombre de Mitre me pardonne ! le ruban fané qui retenait les lettres d'amour; regardant, pour échapper à l'émotion, le miroir à main, le pistolet et la pipe, symboles d'une vie d'aventures et de poésie; puis revenant aux lettres d'amour, au gant, à la pantoufle, à la dame. Il n'était pas jusqu'au petit oiseau bleu et or, dont la présence au milieu de ces bagatelles parfumées ne m'attendrît. Je lui devinais là je ne sais quelle signification amoureusement et douloureusement ironique.

J'appris en une heure, ce matin, des secrets que la vie aurait mis quelques bonnes années à m'apprendre, et j'y laissai, ou peu s'en faut, le grain de raison qui me restait. Quoi! il y avait au monde d'autres poëtes qu'Horace et Virgile? La poésie reverdissait donc aussitôt fanée, comme les fleurs, ces riens éternels qui ne font que naître et mourir?

Les romans, les journaux me parlaient de Paris, de la gloire. C'est peut-être là, me disais-je, le paradis entrevu dont je rêvais toujours! Alors, dans la naïveté de mon imagination, je me figurais une vie supérieure, inaccessible, vie de génies et de demi-dieux, et, pareil au petit Bédouin venu à la ville par hasard, qui rôde émerveillé autour du palais des kalifes, je devinais derrière ces murs tant de jardins embaumés et de salles merveilleuses, que je n'osais pas même concevoir l'idée, le désir d'y pénétrer jamais.

Je relisais, pour me consoler, les sonnets du pauvre Mitre, tous incomplets, hélas! comme sa vie; et ces lettres d'amour, signées d'un nom de femme, ces lettres que je ne comprenais qu'à demi, mais dont les lignes pâlies, l'encre déjà presque effacée me brûlaient les yeux, tant elles semblaient étinceler, quand une idée humiliante me vint : j'avais quinze ans et je n'étais pas amoureux! Un immense besoin d'aimer, d'aimer n'importe qui, s'empara de moi tout à coup, et, honteux d'avoir attendu si tard, je demandai tout bas pardon au pauvre Mitre.

Pauvre Mitre! pauvre cousin Mitre! vous étiez mort à seize ans, trop tôt pour accomplir vos rêves; mais dormez en paix au cimetière, cousin Mitre qui me ressembliez! Jean-des-Figues n'aura pas été un.

3

héritier trop indigne, et les folies que vous n'avez pu faire, je les ai toutes faites pour vous. Parfois même, cousin Mitre, il me semble que je suis vous, que vous êtes moi ! Et, dans mes jours de philosophie, il m'arrive de m'attendrir autant que je le ferais pour moi-même, sur le sort de ce pauvre cousin mort avant l'âge, laissant enfermée dans sa malle, comme Pedro Garcias sous la dalle de son tombeau, son âme, sa pauvre âme malade que je sentis se glisser furtive au dedans de moi, le jour où, sous les tuiles d'un galetas plein de rayons dansants et de poussière d'or, je soulevai, tremblant de peur, le poudreux couvercle qui la retenait prisonnière.

V

OU SCARAMOUCHE ABOIE

Je m'étais juré, le matin, d'être amoureux. Je tenais mon amour le soir même. Voici comment la chose se passa :

Depuis quelques temps, le but choisi de mes promenades, ma solitude entre toutes aimée était les ruines du château de Palestine à trois quarts de lieue de la ville. C'est là... mais ne vous effrayez point à ces mots de ruines, nous ne parlerons ni d'oubliettes, ni de tour du Nord, les ruines dont il s'agit étant des ruines toutes neuves.

M. le marquis achevait à peine de bâtir son château en joli style rocaille et les ouvriers sculptaient le dernier violon sur le dernier trumeau, quand la révolution arriva. Cette tempête s'amusa à briser ce joujou. La mignonne bonbonnière fut démolie comme la Bastille. On saccagea, le peuple qui souffre est sans pitié! les charmilles du jardin, le temple de l'Amour, le bosquet de roses; on jeta par les fenêtres les meubles de Boule et les dessus de porte de Boucher; on pénétra, ô sacrilége! dans le boudoir bleu clair de la marquise; on brisa les cristaux de Bohême et les porcelaines de Saxe; le verger fut détruit, la garenne bouleversée, des nuages de poudre à la maréchale s'envolèrent dispersés aux quatre vents du ciel, et le soir, sur la place du village, tandis que Palestine brûlait, trois cents vénérables bouteilles de vin des Mées, trouvées dans les caves, arrosaient à plein goulot l'arbre de la liberté!

Personne n'inquiéta le marquis. A part son marquisat, c'était le meilleur des hommes. Mais sa fille, qui avait seize ans à peine, mourut de chagrin et de saisissement en voyant détruites sous ses yeux tant de belles choses qu'elle aimait; et depuis, disent les gens, elle revenait la nuit, en robe de marquise, traînant nonchalamment ses petites mules de soie sur les terrasses envahies de lavandes, et s'accoudant comme jadis, pour voir lever la lune, sur les grands balustres moussus qui s'en vont pierre à pierre. Dans nos heureux pays du Midi, où jamais ne régna une bien dure féodalité, le peuple ne se souvient guère de plus loin que Louis XV; il confond volontiers madame de Ganges et la reine Jeanne; les bergers de ses noëls portent galamment le tricorne enrubanné, et les fantômes de ses légendes, au lieu de la classique odeur de soufre, laissent toujours derrière eux un vague parfum d'ambre et d'iris.

Palestine était bien le cadre qui convenait à ce galant fantastique. Une douce et large pente s'enroulant autour du mamelon boisé sur lequel le château fut bâti, avait autrefois permis aux carrosses d'arriver en trottant jusqu'à la plate-forme. Le chemin abandonné montait toujours à travers les arbres, seulement son gravier s'était gazonné comme une pelouse, et de nombreux lapins, friands d'herbe menue, y trottaient seuls en place des carrosses armoriés.

Du côté du nord cependant la colline vous avait un air assez farouche pour faire impression sur un cerveau d'écolier. Des murs brûlés, une porte de chapelle, partout de grands rochers debout dans la mousse et les buis, et çà et là quelques chênes d'une tournure féodale. Mais quelle surprise quand, la route tournant une dernière fois et sortant brusquement de sous les arbres, on se trouvait sur la terrasse, devant le grand portail d'honneur, neuf encore et déjà ruiné, avec le petit amour manchot qui, de son unique main, soutenait une moitié d'écusson.

On apercevait de cet endroit la Provence à perte de vue, et tout le long de la colline jusqu'au village tapi en bas, ce n'étaient plus, comme sur le versant nord, des chênes blancs, des rochers ou des buis, mais des champs de blé, de beaux oliviers debout au soleil sur leurs buttes, des genêts d'Espagne dans les coins abrités, et juste au-dessous de la terrasse, au milieu des parterres bouleversés et des haies redevenues sauvages, de grands rosiers, les rosiers de la marquise, qui avaient continué de fleurir là.

Comme j'étais resté fort longtemps à considérer les pipes de mon cousin et ses pantoufles, le soir tombait quand nous arrivâmes, Scaramouche et moi, sur la terrasse de Palestine.

Scaramouche était un petit épagneul tout de noir vêtu, avec une paire de lunettes couleur de braise. Nos paysans de Canteperdrix n'aiment pas les chiens, animal, disent-ils, qui mange beaucoup et ne fait guère; mais je passais pour fou, et mon père, au grand scandale du quartier, avait cru devoir, en cette occasion, me laisser satisfaire ma folie.

Je m'assis donc sur l'herbe pour réfléchir à mes projets d'amour. Scaramouche, lui, préféra se livrer aux plaisirs de la chasse, courant sus d'une égale ardeur aux troncs d'arbres et aux papillons de nuit. On ne voyait plus le soleil, mais tout un côté du ciel restait rouge. La lune, pâle encore au milieu des mourantes clartés du jour, devenait à chaque instant plus visible ; c'était l'heure du crépuscule, si charmante aux champs, quand les oiseaux attardés descendant par vols dans les branches et les rainettes commençant leur chanson, le silence se fait là-haut, tandis que plus bas, tout près de terre, la verdure et les bois pleins de chants étouffés et de bruits d'ailes préludent vaguement aux musiques de la nuit.

A quelques pas de moi, appuyée sur les balustres

de la terrasse, je distinguai une forme blanche.
N'était-ce pas elle, la marquise, avec sa robe au fin
corsage et ses cheveux longs dénoués? Il me sembla
la reconnaître et, en cherchant bien dans mes souvenirs, je découvris que son profil, ses cheveux en vapeur d'or, son galant costume et sa taille rappelaient
à s'y méprendre la belle dame du paravent. Elle rêvait en regardant ses roses.

Voilà que tout à coup ce brigand de Scaramouche
tombe à l'arrêt d'un grillon; le grillon se met à chanter, Scaramouche aboie, et l'apparition effrayée fuit
bien vite en essuyant une larme. Par bonheur la
nuit arrivait, et le pan de mur sous lequel je me
trouvais faisait déjà ombre au clair de lune. La marquise m'aurait infailliblement aperçu sans cela. Elle
passa si près, si près de moi, que le frisson parfumé
de sa robe fit flotter mes cheveux et caressa mes
lèvres. Mais, chose singulière, tout écolier que j'étais,
je n'en eus pas trop de peur.

Elle s'en allait, je n'osai pas la suivre; j'osais à
peine marcher sur la lavande que ses pieds avaient
effleurée, et quand je redescendis vers la grande route
par le chemin seigneurial, plus sombre maintenant
malgré un peu de ciel clair qu'on voyait luire entre
les arbres, je me sentais au cœur je ne sais quel
mélange de tristesse et de contentement.

Arrivé en bas, il était nuit tout à fait. L'une après
l'autre, en même temps que les étoiles s'ouvraient,

au ciel, on voyait s'allumer les étroites fenêtres du village. Devant la maison neuve qu'il s'était bâtie, maître Cabridens, le propriétaire de Palestine, attelait son cheval, et maugréait, embrouillant ses harnais dans l'ombre. Il me pria de lui donner un coup de main; puis, quand ce fut fini : « Reine! s'écria-t-il, pressons-nous, on doit nous attendre depuis une heure. » Reine!... le nom de la dame aux lettres d'amour. Une voix claire répondit qui me remua le cœur autant que ce nom de Reine l'avait remué, et la porte s'ouvrant, je vis apparaître sur le seuil illuminé, devinez qui? ma vision de la terrasse, madame de Pompadour en robe blanche, ou, pour dire la vérité, mademoiselle Reine Cabridens, arrivée du couvent le jour même. Madame de Pompadour tenait à la main un bouquet d'artichauts... De voir cela, l'émotion de Jean-des-Figues fut telle qu'en voulant se ranger, il marcha sur la patte du brave Scaramouche. Le brave Scaramouche aboya, mademoiselle Reine le reconnut, et, devinant sans doute que son maître venait d'être l'involontaire témoin des larmes qu'elle avait versées, elle baissa les yeux en rougissant. Quand je revins à moi, la porte s'était refermée, et le fanal de la voiture s'éloignait en courant dans la nuit.

« Eh bien, cousin Mitre, m'écriai-je, ai-je renvoyé loin de tomber amoureux! » J'étais au comble de l'exaltation. Un point cependant me chagrinait, un point sans plus : N'était-ce pas cet effronté Scaramouche la cause première de mon amour; le magicien qui avait fait se rencontrer mes regards et ceux de Reine? Scaramouche, avec ses lunettes de feu, ne me paraissait pas suffisamment poétique : j'eusse préféré un Selam à la mode arabe, une fleur jetée ou bien un ruban perdu.

VI

UN PEU DE PHYSIOLOGIE

Maître Cabridens (Tullius), père de mademoiselle Reine, remplissait tout Canteperdrix de son imposante personnalité, et ce n'est point là, vous allez le voir, une simple image de rhétorique. Au propre comme au figuré, maître Cabridens était un homme considérable, le type du *gros propriétaire,* titre dont il se faisait honneur. Quand maître Cabridens s'en allait par les rues, le chapeau à la main, suant à gouttes comme un pot de grès, et poussant de majestueux soupirs, on eût dit qu'il portait sur lui tous ses domaines : bois, fermes, prés et clos, garennes et défends, terres arables et labourables ! Entre nous, je crois positivement qu'il les portait. Il y a comme cela des gens si gros que, dépouillés de tout, ils seraient encore riches; des gens qu'il faudrait maigrir si vous vouliez les ruiner, et maître Cabridens était de ces gens-là.

D'ailleurs, comment aurait-il fait, s'il eût été moins gros, ce gros homme! pour contenir à lui seul tant de science? Membre de plusieurs sociétés savantes et correspondant d'une foule d'instituts, maître Cabridens, en vertu d'aptitudes inexpliquées, présidait indifféremment un tournoi poétique ou bien un comice agricole, et réunissait dans le même amour l'étude des antiquités romaines et l'élevage des poules cochinchinoises, la question des terrains tertiaires et celle de l'origine du sonnet, la pisciculture et la jurisprudence, les belles-lettres et la pomologie. Toute science lui était bonne, pourvu qu'elle fût prétexte à société savante et à réunion de gala. Aussi passait-il pour un grand homme dans Canteperdrix! — « Tullius est universel, » disaient ses intimes amis avec une familiarité respectueuse. Ajoutez que Tullius était fou de champignons. Une fois, à la table du préfet, il mit l'eau à la bouche de tout le conseil général en discourant une heure durant sur les morilles, les bolets, les nez de chat et les oronges. Avant que Reine fût au monde, bien souvent, martyr volontaire, il avait affronté l'empoisonnement et la mort pour expérimenter quelque variété douteuse. Les imprudences de maître Cabridens étaient célèbres. Mais, depuis la venue de Reine, il avait renoncé à ces dangereux plaisirs; un père se doit à ses enfants! S'il adorait les champignons, en revanche, il ne pouvait souffrir les poëtes provençaux : — « Des gens, disait-il avec le tranquille dédain commun aux grands hommes et aux gros hommes, des gens qui écrivent en patois et ne sont membres de rien ! »

Serez-vous étonné, maintenant, qu'après vingt ans de mariage madame Cabridens fût encore amoureuse de son mari, et qu'elle portât pour lui plaire des châles aveuglants rouges comme ses joues ? Maigre autrefois, madame Cabridens avait pris de l'embonpoint par le voisinage ; elle était plutôt laide que jolie, mais on la trouvait distinguée à Canteperdrix, parce que ayant été élevée avec des filles de comtes et ducs dans un couvent aristocratique où sa tante était supérieure, et n'étant plus depuis sortie de Canteperdrix, elle gardait encore, à quarante ans, les petites mines et les façons précieuses des pensionnaires, qu'elle s'imaginait être les vraies manières des grandes dames.

Madame Cabridens...

Arrivé à cet endroit de mes mémoires, une réflexion m'est venue : — Quoi ! Jean-des-Figues, me suis-je dit, tu prétends rapporter des aventures véridiques, aussi dignes de foi que paroles d'évangile, et voici que dès le sixième chapitre tu racontes tout simplement, sans préparation aucune et comme la chose la plus naturelle du monde, que mademoiselle Reine possédait toutes les grâces, et qu'elle était pourtant fille de monsieur et madame Cabridens ! Autant soutenir que deux dindons en ménage ont pondu et couvé un bel oiseau du paradis, autant avouer tout de suite que ta Reine rentre dans la catégorie de ces héroïnes sans réalité, fabriquées d'un flocon de brouillard et d'une goutte de rosée par quelques cerveaux creux fort ignorants des lois de la physiologie.

— Mais cependant... — Il n'y a pas de cependant qui tienne; n'as-tu donc jamais vu la chambre de dissection du véritable romancier moderne? Et son tablier sanglant, et ses manches relevées, et ses scalpels luisants, et ses trousses ouvertes, et les petits flacons étiquetés, pleins de fiel, de sang et de bile, qu'il regarde curieusement à travers le soleil?

Nous ne sommes plus au temps, Dieu merci, où, pour créer des figures immortelles, un peu d'esprit et de fantaisie suffisaient; où l'*homme de qualité*, qui écrivait ses mémoires, donnait sa maîtresse telle quelle, se bornant, pour tout renseignement physiologique, à dire la nuance de ses yeux, et si elle avait les cheveux blonds ou bruns. On tolérait cela autrefois; aujourd'hui la science a marché, nous avons la muse Médecine, et si l'abbé Prévost revenait au monde, il faudrait bien qu'il établît que le tempérament du chevalier était *lymphatico-bilieux*, et qu'il étudiât les caprices de Manon dans leurs rapports

Le cas était grave. Comment accrocher dans mon œuvre le fin profil de mademoiselle Reine, entre les deux pleines lunes flamandes de M. et madame Cabridens? Comment soutenir que ce lis avait fleuri sans miracle au milieu d'un carré de choux! Si encore on avait pu faire entendre... Mais non, la vertu de madame Cabridens était, pour mon malheur, à l'abri de tout soupçon.

Fallait-il donc mentir par respect de la vérité physiologique? imprimer que mademoiselle Reine, ma Reine si jolie! était laide, ou, d'un mensonge plus audacieux encore, soutenir que M. Cabridens était l'arbitre des élégances et madame Cabridens belle comme les amours?

Je préférais, certes, laisser là le récit de mes aventures, et peut-être le récit que vous lisez serait-il resté en chemin comme mes œuvres latines et les sonnets du cousin Mitre, si un petit fait que j'avais à peine remarqué autrefois, me revenant un jour à la mémoire, n'eût illuminé tout à coup d'une vive clarté le mystère qui causait mon désespoir.

La vertu de madame Cabridens, nous l'avons dit et nous ne saurions nous en dédire, était à l'abri de tout soupçon. Non! jamais féminine infidélité ne raya d'une barre de bâtardise les panonceaux de l'étude Cabridens. Mais les infidélités à peine conscientes de l'esprit, les amours buissonnières de l'imagination, qui donc pourrait répondre d'elles? Or, précisément, je venais de me rappeler... (pardonnez-moi, ô mademoiselle Reine! d'entre-bâiller ainsi d'une main peu discrète la porte de la chambre où vous êtes née; mon pauvre cœur d'amoureux en saigne, mais la physiologie a ses tristes nécessités. D'ailleurs, n'ai-je pas pour excuse l'exemple de ce bon Tristan-Shandy, qui, résolu, selon qu'Horace le recommande, à prendre toutes choses *ab ovo*, commence l'histoire de sa vie en soulevant légèrement les longs rideaux drapés de l'alcôve paternelle?)... je venais de me rappeler, disais-je, qu'entre autres récits qu'ils aimaient à me faire, M. et madame Cabridens s'arrêtaient l'un et l'autre avec une remarquable complaisance sur certaine représentation théâtrale qui, vers les premiers temps de leur mariage, avait mis tout Canteperdrix en émoi.

Que de fois M. Cabridens ne m'avait-il pas raconté cet événement dans ses moindres détails : d'où venaient les comédiens, pour quelles raisons ils s'étaient arrêtés, et comment, grâce à l'obligeance du capitaine commandant la place, qui mit quinze de ses soldats à la disposition du directeur, on put, du matin au soir, transformer en salle de spectacle une petite église abandonnée qui servait de grange. Et quels acteurs, et quelle pièce, on ne voyait pas mieux à Paris ! — « C'était, si je ne me trompe, vers 1846, » disait M. Cabridens. — A la fin d'avril, reprenait madame, un peu moins de dix mois avant la naissance de Reine; je me souviens bien de la date. »

Après seize ans, leur admiration restait chaude comme au premier jour, et c'est avec la naïveté d'une passion qui s'ignore, que M. Cabridens parlait de l'incomparable héroïne de ce drame romantique, Marion, Tisbé ou Diane de Poitiers; tandis que madame Cabridens, rouge à ce lointain souvenir, et penchée sur son ouvrage en tapisserie, célébrait la haute prestance, l'air magnifique et la belle grâce du héros.

J'ai vu, suspendus au mur de la chambre bleue, les portraits de l'acteur et de l'actrice en costume de théâtre, et à mesure que toutes ces vagues impressions reviennent plus claires à mon esprit, je m'étonne de ne pas avoir remarqué plus tôt, entre Reine et ces deux portraits, je ne sais quel air de ressemblance. O puissance du beau! il a donc suffi pour créer la plus idéale des créatures, d'une goutte de poésie tombée un soir dans deux cœurs bourgeois!

M. et madame Cabridens m'en voudront peut-être d'avoir révélé au monde la mutuelle infidélité, infidélité tout idéale heureusement, dont ils furent tous deux, au même moment, à la fois coupables et victimes; mais voilà ce que c'est de trop regarder les princesses de théâtre, monsieur! et de considérer avec tant d'attention les beaux jeunes gens en justaucorps, madame! D'amoureuses et condamnables visions durent évidemment, cette nuit-là, voltiger autour des chastes rideaux de l'alcôve conjugale, et pour moi, ô ma Reine si blonde et si belle! ce n'est point du bon monsieur et de la grosse madame Cabridens que tu es fille, mais la fille idéale de cette princesse en robe brodée de perles et de ce héros inconnu !

Maintenant que voilà tout le mystère dûment et physiologiquement expliqué, M. Taine me permettra de continuer mon histoire.

VII

CANTAPERDIX CIVITAS.

Voir Reine passer quand elle allait à la promenade, rôder le soir sous ses fenêtres pour dérober, vol bien pardonnable! quelques accords de son piano, quelques notes de sa voix, et frôler sa robe en passant, les jours de grand'messe, voilà quelles furent longtemps toutes mes joies. Reine, paraît-il, trouvait en moi, quoique je n'eusse éperons ni moustaches, l'*idéal* rêvé sous les marronniers de la cour des grandes à Valfleury, et ne laissait aucune occasion de me jeter, avec la tranquille audace des pensionnaires qui ne savent ce qu'elles font, des regards, oh! mais des regards à nous brûler les paupières. Ces jolis riens et les vers que je rimai nous suffirent pendant plus d'un an. Mon amour était du naturel des cigales qui vivent de rosée et de chansons.

Il le fallait bien. N'eût-ce pas été folie à moi Jean-des-Figues, paysan et fils de paysans, de vouloir pénétrer dans la *maison Cabridens*, la plus importante, sans contredit, des dix-sept maisons du *Cimetière*

Vieux, place où, de temps immémorial, logeait l'aristocratie cantoperdicienne ?

Discrètes et silencieuses comme des églises, ces maisons restaient toujours fermées. De temps en temps, un bourgeois ou quelque servante en sortait, puis la lourde porte se refermait aussitôt ouverte, et si quelqu'un eût été là, c'est à peine s'il aurait pu entrevoir un grand vestibule tout blanc, des tableaux, et la boule en cuivre d'une rampe. Mais à part les habitants des dix-sept maisons, personne ne passait guère sur cette place, où tout le long du jour on n'entendait que le bruit mélancolique de la fontaine, la causerie des dames qui travaillaient là comme chez elles, assises par groupes sous un platane, et quelquefois, vers trois heures, la voix de mademoiselle Reine qui prenait sa leçon de piano.

En arrivant on remarquait d'abord la maison Cabridens, à cause de ses panonceaux étincelants et de son éteignoir en pierre curieusement sculptée. Cet éteignoir monumental, planté dans le mur, à côté de la porte, était une des curiosités de la ville. Autrefois, disait-on, du temps des seigneurs, toutes les maisons nobles avaient un éteignoir pareil où les valets de pied éteignaient les torches. Or, quoi qu'on sût parfaitement que maître Cabridens avait acheté la maison depuis quinze ans à peine, d'un vieux gentilhomme ruiné, la possession de cet éteignoir n'en jetait pas moins sur lui, aux yeux de ses concitoyens, un vague reflet d'aristocratie, et maître Cabridens disait *nous autres*, sans faire rire, quand il causait politique avec le vicomte Ripert de Chateauripert son voisin, un homme charmant qui avait le seul défaut, défaut gênant, il est vrai, pour les odorats sensibles, d'aimer trop les bécasses et d'en porter toujours quelqu'une, afin de hâter sa maturité, dans la poche de sa redingote. Tout le monde, d'ailleurs, pardonnait cette manie au bon vicomte, en considération de son dévouement à la branche aînée.

Pourtant, ce qui m'intimidait le plus, ce n'était ni l'inquiétante solitude de la place, ni l'éteignoir de pierre, ni les panonceaux accolés ; ce qui m'intimidait par-dessus tout, c'était la façon qu'avait maître Cabridens de fermer sa porte : de quel air majestueux il en tirait à lui la poignée, tournait deux fois la clef et la fourrait dans sa poche en promenant sur tout le Cimetière Vieux un regard circulaire où l'orgueil se mêlait à une bienveillante compassion.

Ce n'est pas un pauvre diable de paysan comme mon père, ou quelque artisan de la grand'rue, qui aurait fermé sa porte avec cette noblesse-là ! Fermer notre porte en plein jour, et pourquoi faire ? je vous le demande ! Qu'aurions-nous eu à défendre ou à cacher ?

Maître Cabridens, au contraire, semblait dire en fermant sa porte :

— J'ai là-dedans mon paradis bourgeois où, si je

veux, personne n'entre ; j'ai là ma femme qui m'aime, ma fille qui est belle, mes meubles auxquels je suis habitué ; j'ai là ma fortune, mon repos, mon bonheur, ma paresse, mon génie, et vingt générations se sont tuées de travail jusqu'à mon père, pour que je pusse un jour, au nom de ma race tout entière, fermer ma porte comme je la ferme aujourd'hui.

Le fait est que cette diablesse de porte-là avait l'air deux fois plus fermée que les autres. Et cependant, toute fermée qu'elle fût, elle allait s'ouvrir devant Jean-des-Figues.

Mon père profitait des premiers beaux jours pour défricher un coin de terrain à notre champ de la Cigalière. « Ce travail donne une peine du diable, disait-il un soir au souper, j'ai défoncé à peine trois cannes de terre, et j'ai déjà brûlé de la marjolaine et du gramen haut comme ça ! Puis, cherchant quelque chose dans son gousset : Tiens, Jean-des-Figues, l'homme aux vases, voilà pour toi ; ce doit être romain. » Et le brave homme jeta sur la table une pièce d'argent large et mince, encore toute jaune de terre. Il n'est pas rare chez nous de trouver ainsi, en piochant ou en labourant, des monnaies romaines enfouies, et bien souvent, l'hiver, le long des remparts, j'ai vu un camarade se servir sans respect, pour jouer au bouchon, du bronze si commun de la colonie de Nîmes avec les deux têtes d'empereur et le crocodile enchaîné que nous appelions une Tarasque.

Cette fois pourtant, il ne s'agissait point d'une pièce romaine, quoi qu'en pensât mon père, plus fort en agriculture qu'en numismatique, mais d'une pièce bien autrement curieuse, d'une pièce inconnue, inespérée, unique, d'une pièce dont le savant et vénérable historien de Canteperdrix, l'ami d'A. Thierry et de Ch. Nodier, M. de La Plane, n'avait pu soupçonner l'existence, d'une pièce, enfin, sur la face de laquelle je lus facilement, malgré la rouille et la terre séchée : CANTAPERDIX CIVITAS ! Sur le revers, au milieu de lettres presque effacées que je ne déchiffrai point, on distinguait, armes parlantes de la ville, une bartavelle qui chantait dans un champ de blé.

La découverte de cette médaille prit les proportions d'un événement. Ainsi, dans un temps où la France gémissait encore sous le poids de la féodalité, Canteperdrix se gouvernait librement et battait monnaie ! Chacun voulait voir la fameuse pièce ; quelques jaloux insinuèrent qu'elle pourrait bien être fausse, mais tous, enthousiastes ou sceptiques, me conseillèrent la même chose : — il faut porter cela à maître Cabridens.

Porter cela à maître Cabridens ! Quelle impression ces simples mots me faisaient !... Entrer dans la maison de mademoiselle Reine ! Qui sait ? la rencontrer... lui parler peut-être...

— Ah ! me disais-je en regardant cette pauvre petite pièce laide à voir, c'est avec une pièce semblable qu'on doit payer passage sur le pont qui mène en paradis. Mais je n'osais pas; retenu par l'absurde timidité des amoureux, il me semblait que tout le monde et maître Cabridens lui-même devinerait le motif coupable de ma visite... Par bonheur, maître Cabridens prit les devants; il rencontra mon père, il lui dit avoir entendu parler de moi, de mes goûts, qu'il aimait les jeunes gens, qu'il voulait me connaître, causer avec moi, et voir ma pièce en même temps. Pour le coup, je n'hésitai plus et le lendemain, tondu de frais et beau comme un fifre, je me présentais bravement place du Cimetière Vieux.

Drelin! drelin!... ma main tremblait quand je tirai la chaînette; et la sonnette, comme toujours, fit exprès de retentir avec un fracas épouvantable augmenté encore par l'écho du corridor. J'eus peur et j'allais me sauver quand mademoiselle Reine vint ouvrir :

— Maître Cabridens, s'il vous plaît?

Ma demande la fait rougir, elle me montre une porte entr'ouverte, et, ce jour-là, nous n'en dîmes pas davantage.

Maître Cabridens m'attendait dans son cabinet. En rien de temps nous fûmes amis, on se lie vite entre numismates! Mademoiselle Reine nous écoutait assise auprès de la fenêtre. Moi, je regardais cet adorable intérieur du savant de province, les urnes cinéraires trouvées en creusant le nouveau canal, les lampes antiques, les armures, les oiseaux empaillés, le médailler d'acajou avec ses innombrables petits tiroirs et ses rangées d'anneaux de cuivre, la bibliothèque avec les cuirs fauves et les dorures des vieux livres, et sur la corniche une armée de statuettes en plâtre tirées on ne sait d'où et représentant des gens qui se tordaient dans tous les supplices du monde, depuis le faux Smerdis précipité vivant dans une tour remplie de cendres, jusqu'à la *veille* des légats avignonnais et jusqu'au petit fief héréditaire de la famille des Sanson.

— Et que faites-vous, monsieur Jean-des-Figues? me demandait maître Cabridens.

— Je fais des vers, répondais-je en baissant les yeux.

— Des vers? c'est un agréable passe-temps; moi, je joue quelquefois de la flûte. Mais il vous faudra choisir une carrière, on se doit à la société...

Je fis hommage de la pièce à maître Cabridens; mademoiselle Reine me remercia d'un sourire. Et quand je m'en allai, maître Cabridens m'accompagnant : — Nous partons pour Palestine dans quelques jours, à cause des vers à soie. Venez donc nous surprendre, un de ces lundis, nous dînerons et, je vous ferai part, au dessert, du mémoire que je vais écrire touchant notre pièce... J'en tiens déjà le plan... Eh! eh!... c'est toute notre histoire à refaire. Tant pis pour La Plane!... Allons, à revoir, monsieur Jean-des-Figues!

Du haut du ciel, cousin Mitre se frottait les mains.

VIII

PALESTINE ET MAYGREMINE

Mars était venu, et, de la montagne à la plaine, la terre s'éveillait de son long sommeil. Ni fleurs ni feuilles encore, sauf quelques violettes dans l'herbe, et sur la lisière des bois l'ellébore dressant sa tige bizarre et sa fleur de la même couleur soufrée. Mais la séve gonflait les troncs, l'herbe humide se relevait au soleil nouveau, et, dans les bois, les sources et les ruisselets emportaient en hâte les feuilles tombées, comme pour faire disparaître les dernières traces de l'hiver. Quelques rares oiseaux se hasardaient à chanter, la brise semblait souffler plus douce; et, comme on devine la femme aimée au seul parfum de ses cheveux, au seul bruit de son pas connu, on sentait le printemps venir, sans le voir encore.

Maître Cabridens s'était, depuis un mois, transporté à sa campagne de *Palestine*, ou plutôt de *Maygremine*, comme les paysans l'appelaient malgré le propriétaire, ne voulant pas donner à la maison neuve plantée ainsi qu'une auberge dans la poussière de la grande route, le même nom qu'aux ruines du galant château niché au revers de la colline entre les roses et les oliviers.

Maygremine n'est guère qu'à cinq kilomètres de la ville, une promenade pour des jambes de montagnard! et, peu à peu, j'avais pris l'habitude d'y passer une heure ou deux tous les jours, en compagnie. J'arrivais dans l'après-midi, nous causions modes et grand monde avec madame, musique ou poésie avec mademoiselle Reine, maître Cabridens me lisait ses travaux, et quelquefois, — on se rappelait, sacrebleu! quoique notaire, d'avoir fait son droit dans la ville du roi René! — quelquefois, il me menait au fond du jardin, près de la fontaine, et me montrant deux verres d'absinthe en train de se préparer tout seuls, depuis une heure, sous deux fils de mousse d'où tombait lentement et à intervalles réguliers une perle d'eau glacée : « Y a-t-il rien de comparable à la simple nature? » s'écriait le gros homme avec un fin sourire de roué. Puis, le soir venu, je reprenais le chemin de Canteperdrix.

D'ordinaire la famille Cabridens m'accompagnait un bout de chemin. Les promenades délicieuses en cette saison! Laissant la grande route pleine d'importuns et de poussière, nous prenions par un petit sentier parallèle qui s'en allait à mi-côte, entre les champs et les bois. La mousse y faisait un tapis que trouaient çà et là d'énormes rochers gris, presque bleus, enfoncés par un coin dans la terre et que l'on aurait craint de voir repartir et rouler, si l'œil n'eût été rassuré par les mille nœuds de plantes grimpantes qui les enchaînaient, lierre, vignemale et lambrusques, ou par quelque vigoureux chêneau, tordu comme un olivier, et qui, poussant au ras des roches, avait l'air de s'être incrusté dedans. Le sol, au-dessous de la terre végétale, n'était qu'un amas de cailloux roulés et collés ensemble par un ciment naturel. Les paysans appellent ce genre de roche *marras*, ou *nougat*, maître Cabridens disait *pudding*, il faut croire que c'est là le nom scientifique. Aux endroits où le pudding apparaissait, on eût dit des restes de vieille maçonnerie.

Toute cette côte était pleine de sources, ce qui explique une fraîcheur de végétation fort extraordinaire dans nos pays brûlés. Les propriétaires des riches campagnes du bas avaient, de temps immémorial, fait chercher de l'eau en cet endroit, et par ces fouilles successives, le pudding se trouvait être partout suintant et troué comme une éponge. Partout de longs couloirs, des galeries souterraines aux entrées noires presque obstruées par les longues mousses et le feuillage découpé des capillaires, s'en allaient, au plus creux du rocher, recueillir les moindres gouttes, les moindres filets d'eau, qui sortaient de là réunis en sources claires pour retomber, dix pas plus loin, avec un bruit mélancolique, dans de grands réservoirs carrés, vieux de cent ans, tout encombrés de tuf, où l'eau s'amassait froide et profonde, en attendant qu'on la laissât se précipiter librement sur les prés coupés de peupliers qui s'étendaient au-dessous. Partout des ruines d'anciens travaux hydrauliques, *servés*, conduits crevés et aqueducs; partout de la mousse, des concrétions bizarres, partout de l'eau courant sur les cailloux avec un joli chant de nymphe joyeuse, ou se traînant invisible dans l'herbe avec l'imperceptible bruit de soie que ferait la robe verte d'une fée.

Cette abondance de sources et cette continuelle fraîcheur attiraient là quantité d'oiseaux, qui, le matin, avant le soleil levé, à l'heure où les oiseaux boivent, remplissaient tout l'endroit de chansons et de bruits d'ailes. Et même au moment du jour où nous le traversions, la tranquillité n'y régnait guère : c'était un buisson frémissant tout à coup au vol précipité du merle, le cri de la mésange bleue, le vol inquiet de deux tourterelles attardées, ou quelque oiseau de nuit sorti de son trou au crépuscule, et qui coupait le sentier d'un arbre à l'autre, sur ses ailes de velours.

Nous allions ainsi causant de mille choses, mais pour mon compte silencieux le plus que je pouvais, tant il y avait de plaisir à écouter les caresses du vent dans le voile et le manteau de mademoiselle Reine! nous allions ainsi jusqu'à un kilomètre de la campagne.

Une rainette chantait toujours à cette heure-là dans la mousse et les prêles d'un vivier abandonné, et quand nous approchions, au bruit de nos pas sur l'herbe, elle sautait à l'eau, peureusement. On restait assis quelques instants sur la muraille du vivier, puis on se souhaitait le bonsoir. M. et madame Cabridens se donnaient le bras en s'en retournant; la robe claire de Reine disparaissait à travers les arbres, et quand le vent ne m'apportait plus le bruit de son pas, j'entendais alors de nouveau la voix mélancolique de la rainette qui recommençait à chanter.

— Et voilà toutes vos amours? — Non pas, certes! Nous avions pris, Reine et moi, notre passion au sérieux. Cela nous coûtait beaucoup de peine. Tout le répertoire du cousin Mitre y passa : on m'écrivit des lettres brûlantes; j'eus une malle, moi aussi, où je fourrai pêle-mêle des gants usés, des portraits et des pantoufles; cette chère Reine se compromettait à plaisir, elle ne me refusait rien.

Ne nous donnions-nous pas des rendez-vous, la nuit, près du vivier!. Innocents rendez-vous où la grenouille avait son rôle, car la plupart du temps, ne sachant que faire après avoir contemplé les étoiles, nous nous amusions à lui jeter des cailloux. — Si le monde savait!... disait Reine qui se croyait fort coupable.

Vous riez?

Moi, je n'ai pas la moindre envie de rire, je le jure, quand je songe à tous les malheurs où cette fantasque idée d'aimer avant l'heure me jeta.

Quel besoin me piquait d'ouvrir ainsi la malle du cousin Mitre?

Mieux eût valu sans doute imiter les héros des pastorales grecques et courir les champs et les bois, ignorant tout de l'amour, même le nom, jusqu'au moment où mon cœur se serait naturellement épanoui. Mais, hélas! est-ce ma faute si, au lieu de cela, victime d'un précoce désir de savoir, le pauvre Jean-des-Figues brisait sa jeunesse en espérance, et déchirait de l'ongle l'enveloppe verte du bourgeon pour voir plus tôt la fleur éclore.

IX

AU FOU!... AU FOU!...

Qu'est-ce que l'amour?

On le savait il y a quelque mille ans. L'amour devait être alors, dans l'idée des hommes, une chose aussi agréable que la fraise des bois, bien qu'autrement parfumée. Le monde était un peu sauvage, on n'accommodait point encore les fraises au vinaigre, et le progrès des siècles ne nous avait pas enseigné comment, du plus doux de nos plaisirs, nous pourrions faire la plus cruelle de nos souffrances.

L'amour de ce temps-là était aussi simple que le costume, un peu trop simple, en vérité. Personne n'avait imaginé d'ajouter à un sentiment aussi parfaitement agréable dans sa naïveté, ses lubies personnelles en guise d'ornements, pas plus que d'agrémenter la primitive feuille de figuier de ces mille et mille brimborions de toutes formes, de toutes couleurs, qui la dénaturent si bien et vous plaisent tant, belle lectrice!

Maintenant, remonter sans la Bible et par la seule

puissance de l'induction à l'origine de votre dernière toilette, et deviner comment ce fouillis de dentelles, de nœuds, de rubans, de velours tressés et de soie découpée, s'est accroché morceau par morceau, dans le cours des siècles, autour d'une feuille d'arbre large comme la main, serait facile en comparaison de retrouver la signification première et vraie du mot amour, sous le nuage flottant de folies, de fantaisies et de rêves dont certains cerveaux creux qui font métier d'écrire l'ont insensiblement affublé.

Vénérez, madame, les modistes qui vous font charmantes; mais laissez-moi détester les poëtes qui, sans que personne les en priât, ont ainsi perverti l'idée de l'amour parmi les hommes!

L'étoile scintille et la fleur sent bon. Ah! si l'étoile embaumait, si la rose scintillait! Et ils jurent, les brigands! que cela s'est vu quelquefois. Nous les croyons, la rose et l'étoile se moquent de nous. Alors, désespérés de ne pas trouver dans l'amour les idéales délices que nous avions rêvées, nous passons sans voir celles que la nature y mit, et nous voilà pleurant et gémissant, pareils aux enfants trompés par des contes de nourrices, qui se trempent jusqu'aux os un jour d'orage, prennent le torticolis, et pleurent ensuite de ne pas voir Dieu le Père, en son bleu paradis, par la fissure éblouissante de l'éclair.

Et la cause de tout cela? Les poëtes, parbleu! les poëtes qui se moquent de nous, comme les capucins de ceux qui font maigre, les poëtes que l'humanité crédule couronne de lauriers, et que l'on devrait, au contraire, honorablement fouetter avec des roses, en laissant les épines, bien entendu.

J'ai sans doute le droit de leur en vouloir, j'imagine, moi, Jean-des-Figues, qui trouvai, à quinze ans, enfermée dans la malle de mon cousin, comme une goutte de poison dans un flacon, la quintessence des folies sentimentales; moi qui, par la faute des poëtes, crus aimer quand je n'aimais pas, et fus ensuite amoureux trois ans durant sans m'en apercevoir. Excellente façon de perdre sa jeunesse!

Ah! sans eux, sans les poëtes, sans Blanquet, le cousin Mitre et sa malle, sans le rayon qui me travaillait le cerveau, et sans les mille folles idées dont le bourdonnement m'empêchait d'entendre la voix de mon cœur, je n'aurais pas usé mon bel âge à poursuivre un fantastique amour, et j'eusse tout de suite reconnu l'amour véritable, l'amour naïf, éternel et divin, le même aujourd'hui qu'aux temps antiques; j'eusse reconnu l'amour quand je le rencontrai, cette après-midi d'avril, où, m'en allant à Maygremine, je m'étais assis, tant la chaleur accablait, sous un arbre, à l'endroit même où la route entre dans la petite plaine d'amandiers.

Depuis deux jours, le vent des fleurs soufflait, la tiède brise qui fait éclore les fleurs et les marie, et dans la plaine, sur les coteaux, à part la verdure joyeuse des jeunes blés, toute la campagne était blanche. L'air sentait bon, les arbres ployaient sous des flocons de neige embaumée, les pétales effeuillés tourbillonnaient partout dans les parfums et la lumière, comme des vols de papillons blancs, et pour cadre à cette joie, à ces blancheurs, les grandes Alpes, déjà revêtues des chaudes vapeurs de la belle saison, mais encore couronnées de neige, se dressaient dans le lointain, blanches et bleues comme les vagues de la Méditerranée quand elles secouent leur écume au soleil un lendemain de tempête !

Il faut croire que les jeunes rayons de mars produisent l'effet du vin nouveau, et qu'ils m'avaient, ce jour-là, porté à la tête; car, bêtement, à ce spectacle, je me sentis des larmes plein les yeux, et comme Scaramouche, assis sur sa queue, en face de moi, me regardait malicieusement à travers ses lunettes, je lui demandai pourquoi, étant amoureux de mademoiselle Reine, j'avais le cœur si vide et me trouvais tout d'un coup si malheureux. Scaramouche ne me répondit rien.

J'étais en train de lui confier ma douleur quand, au détour de la route :

— Bien le bonjour, monsieur Jean-des-Figues!

— Bien le bonjour, Roset! fis-je en sortant de ma rêverie.

C'était Roset, une petite bohémienne recueillie par les fermiers de Maygremine pour garder la chèvre et que madame Cabridens venait d'élever à la dignité de femme de chambre.

— Prends garde, Roset, la grande chaleur va te brunir les joues.

— O monsieur Jean-des-Figues, vous voulez rire !

Le fait est que cette brave Roset, plus noire qu'un raisin et brûlée dans le moule, comme on dit, tout le monde la trouvait laide. Mais, à ce moment-là, je fus presque d'un autre avis. Appuyée d'une épaule contre mon arbre, haletant un peu à cause de la chaleur, le haut de son corsage s'entr'ouvrait légèrement à chaque fois qu'elle respirait, et, tout ébloui de ces choses nouvelles, je restai longtemps, sans rien dire, à boire du regard la fraîcheur de ses dents éclatantes qui riaient, et la flamme de ses grands yeux profonds qui gardaient toujours, même lorsque ses lèvres riaient le plus, un peu de tristesse sauvage. Voilà longtemps que je connaissais Roset; mais, à coup sûr, je ne l'avais jamais vue.

Que se passa-t-il en moi ? Je ne m'en rendis pas bien compte, car jamais, auprès de Reine, je n'avais éprouvé rien de pareil. Dieu me pardonne si je fus coupable ! Mais de me sentir si près de Roset, frôlé de ses cheveux et de sa robe; de la voir si belle, de respirer, en même temps que l'air chargé du parfum amer des fleurs d'amandier, les aromes vivants de sa peau; tout cela me grisa, peut-être, car, la prenant par surprise entre mes bras, je cueillis sur ses joues, quoique les archives du cousin Mitre ne m'eussent rien enseigné de pareil, le plus savoureux baiser du monde.

Ce démon de Roset riait, mais moi, son baiser me brûla. Il me vint au cœur, subitement, un grand remords en même temps qu'une grande joie, et ne sachant plus ce que je faisais, je me sauvai à toutes jambes du côté de Maygremine.

Au bout de cent pas, je retournai la tête, courant toujours. Alors j'aperçus la maudite bohémienne qui, montée sur le mur d'un champ, me regardait en riant et criait de toutes ses forces :

— Au fou !... au fou !... Ho ! l'ensoleillé ! Ho ! Jean-des-Figues !

X

LES QUATUORS D'ÉTÉ

Dans quel trouble d'esprit ce baiser me jeta! Je gardais encore, après un jour, vivant sur les lèvres le parfum dont les joues de Roset me les avaient embaumées, et quelquefois je me surprenais à demeurer silencieux et immobile, de peur qu'un mouvement trop brusque ne vînt faire se répandre hors de mon cœur, ainsi que d'un vase rempli, les sensations délicieuses dont je le sentais déborder.

— Vous aimiez Roset, malheureux!

— Y songez-vous, aimer Roset! une sauvagesse incapable de rien comprendre aux sublimités de l'amour!

— Vous l'aimiez, vous dis-je.

— Et parbleu! je m'en suis bien aperçu depuis, mais je ne m'en doutais guère pour le quart d'heure. Était-il vraisemblable qu'il y eût deux amours, l'un né au bord des sources, pur et mélodieux comme elles, l'autre éclos impérieusement au soleil de midi, sous la pluie de parfums qui tombe des amandiers en fleur?

Nos amours à la mode du cousin Mitre m'avaient juché si haut, que je me fis un point d'honneur de ne plus vouloir redescendre. J'avais embrassé Roset, la grande affaire! J'étais inquiet depuis, presque malade; mais quel rapport, je vous le demande, entre cette fièvre folle et le véritable amour! Réconforté par ces belles réflexions, je résolus donc d'oublier Roset, et fis d'héroïques efforts pour me persuader que j'aimais toujours mademoiselle Reine. Pour mon malheur, Roset ne m'oubliait pas, elle, et savait, l'occasion se présentant, rappeler au pur, sentimental et chevaleresque Jean-des-Figues, qu'il était homme malgré tout, et qu'il avait eu son moment d'humaine faiblesse.

M. le vicomte Ripert de Chateauripert, malgré ses manies, était un musicien distingué. Élève favori d'Habeneck, il jouait du violon avec beaucoup de sentiment et d'âme, et les larmes vous en venaient aux yeux d'entendre ce vieux fou faire chanter et sangloter l'instrument sous ses doigts; mais si on essayait de le féliciter : — N'est-ce pas que c'est touchant cela? répondait-il d'un air narquois... en art, positivement, rien ne vaut la sincérité... Il faut être ému pour émouvoir... Faites comme moi, Tullius, fermez les yeux quand vous jouerez... et pensez aux bécasses!

Deux fois par semaine, tant que durait la belle saison, ce diable d'homme arrivait à Maygremine, amenant à sa suite deux amateurs toujours les mêmes, et précédé d'un domestique, qui suait sous trois boîtes à violon. Avec M. Tullius Cabridens, car à ses autres talents Tullius joignait celui de musicien, ces personnages constituaient la *Société des quatuors d'été*, qui se réunissait ainsi tous les lundis et vendredis, pour exécuter sournoisement de mystérieuses compositions. Je fus admis à les écouter, par faveur spéciale.

On s'enfermait dans le petit salon, persiennes closes; les pupitres étaient prêts, les violons sortaient de leur boîte : *Un!... deux!... trois!... quatre!...* et voilà nos exécutants en train de faire aller les doigts et l'archet, clignant de l'œil et tirant la langue aux beaux endroits avec la fougue paisible et les petites grimaces de volupté particulières aux vrais dilettanti. *Piano!... piano!... piano!...* disait le vicomte en colère à son ami Tullius qui jouait toujours trop fort. Mademoiselle Reine écoutait en souriant, madame Cabridens s'endormait sur sa tapisserie, le soleil faisait passer des barres d'or par les trous des volets, et pendant les pauses on entendait au dehors glousser les poules, et l'eau de la fontaine tomber dans le grand bassin.

Après une heure ou deux de sonates, les archets s'arrêtaient. Puis, une fois les pupitres remis dans leur coin, les carrés de colophane et les violons couchés sous le couvercle de leur boîte, les gros cahiers à dos de cuir renfermés dans l'armoire pour trois jours, et toute trace de cette petite débauche disparue, alors seulement on ouvrait les persiennes et la porte, et l'on prenait le plaisir, en causant musique, de respirer la brise du soir qui soufflait à travers les mûriers.

Un thème inépuisable entre tous, c'étaient les bizarreries des grands artistes. Un tel, chose singulière, ne pouvait composer qu'avec deux chats sur les genoux; tel autre faisait porter un clavecin dans les prairies, il fallait, pour éveiller son imagination mélodique, la fraîcheur matinale, la rosée scintillant au premier soleil, et les flocons de blanche vapeur qui dansent à la pointe des herbes. — Mon cher Chateauripert, terminait invariablement M. Cabridens, vous n'oublierez pas au moment de partir ce que vous avez mis en dépôt à la cuisine. Et pendant que le bon vicomte allait reprendre quelque bécasse un peu trop mûre dont il s'était séparé par discrétion, sacrifice énorme! — « Ce M. de Chateauripert est vraiment un artiste en toutes choses », reprenait maître Cabridens, et cette innocente allusion aux manies gastronomiques du violoniste faisait rire deux fois par semaine depuis dix ans.

Quelquefois, on priait mademoiselle Reine de se mettre au piano, un peu par politesse, j'imagine; non pas que mademoiselle Reine jouât mal, mais dame! après deux heures de grande musique!... Musique à part, c'était encore un charmant spectacle de voir mademoiselle Reine assise, noyant le tabouret dans les plis de sa robe, et sa taille fine un peu ployée. Mademoiselle Reine chantait timidement, d'une voix claire; ses beaux cheveux, roulés en corde, suivant la mode du moment, allaient et venaient sur son cou délicat et sa collerette de dentelle; et les touches du clavier, les noires et les blanches, se courbaient à peine effleurées de ses doigts, et laissaient échapper des fusées de notes joyeuses, comme une ronde de jolies filles qui éclatent de rire en se dérobant sous un baiser. Je regardais ravi et je songeais à la Reine du pauvre Mitre.

Par malheur, trois fois sur quatre, au plus beau moment de mon extase et quand j'avais la tête perdue dans les nuages de l'amour idéal, à ce moment, comme par un fait exprès, la porte de la cuisine ouverte et mademoiselle Reine s'interrompant, Roset entrait portant à deux mains un grand plateau chargé de verres qui se heurtaient en musique. Ses yeux de feu s'arrêtaient sur moi invariablement, et ses lèvres rouges me souriaient d'un sourire, hélas! trop terrestre.

Alors adieu les belles amours! Reine était adorablement blonde, mais je ne voyais plus que les cheveux abondants et noirs de Roset, si fin crespelés autour du front, que, dans un rayon de soleil, ils étincelaient comme un diadème. Mademoiselle Reine

6.

avait, sans doute, la peau plus blanche, mais les oranges valent les lis! — Dans les yeux de Reine, quelle divine candeur! me disais-je, en essayant de me débattre contre le charme qui m'envahissait; mais que de voluptés inconnues au fond de ces yeux de Roset, qui n'avaient pas l'immobilité ordinaire des grands yeux et dont on voyait la prunelle frémir entre les cils noirs immobiles avec le scintillement électrique des étoiles une nuit d'été.

Quant à la voix, si Reine l'avait claire et charmante, Roset l'avait chaude et voilée, voilée comme le sont nos montagnes, lorsque midi poudroie autour en poussière d'or.

Mademoiselle Roset était un vrai diable; j'avais beau vouloir l'éviter, ses regards me poursuivaient toujours. Elle se croyait quelques droits sur moi depuis notre rencontre dans les amandiers. Ne s'avisa-t-elle pas un jour, ces bohémiennes sont capables de tout! au beau milieu du salon, devant le quatuor assemblé, de me pincer en me murmurant je ne sais quelles sottises à l'oreille. — De vous pincer, juste ciel! et où cela, monsieur Jean-des-Figues? — Au beau milieu du salon, madame, ainsi que j'avais l'honneur de vous le dire. J'en devins rouge comme le feu, d'autant plus que mademoiselle Reine avait tout vu. Mais, chose horrible à confesser, malgré ma rougeur, malgré ma honte et malgré le triste regard que me jeta mademoiselle Reine, cela me parut délicieux; et, suave comme le fruit qui vous damne, je sentis me revenir aux lèvres la saveur du doux et terrible baiser.

Pour le coup, je me crus ensorcelé!

Une idée pourtant, vraie idée d'amoureux! calmait ma conscience. Ce baiser maudit, dont le souvenir me plaisait, c'est maintenant à Reine que j'aurais voulu le prendre. Cette ivresse étrange que Roset m'avait donnée, c'est sur la bouche de Reine que j'aurais voulu la boire encore et la retrouver.

— Un charme te tient, me disais-je, mais il suffira que tu embrasses Reine pour en être à jamais guéri.

XI

ROMÉO ET JULIETTE

Embrasser Reine... Et comment faire? Dans la maison et pendant le jour, c'était impossible. Quant à nos rendez-vous près du vivier, mademoiselle Reine n'osait plus y venir, s'étant aperçue que Roset nous surveillait.

Je ne pus cependant attendre au lendemain, tant mon impatience était forte; et sans me donner le temps de dîner, aussitôt la nuit, je repris au hasard le chemin de Maygremine.

L'aspect de Maygremine m'attrista : seule dans les arbres, toutes les lumières éteintes, sans un rayon, sans une voix, cette maison sombre sous les étoiles qui brillaient, et muette au milieu des bruits joyeux d'une belle nuit, me parut mélancolique comme mon âme.

Je m'assis sur l'herbe, sans projets. Une fenêtre s'ouvrit au premier étage, une robe claire se montra, c'était mademoiselle Reine qui venait s'accouder au balcon, tentée par la douceur engageante du ciel.

Je la voyais, j'entendais son petit pas et le bruit léger de sa robe; alors il me sembla que la maison, joyeuse tout à coup, s'était mise à briller comme les étoiles, et chantait dans la nuit plus doucement que les grillons et les rossignols.

Je m'avançai jusque sous le balcon.

— Oh! monsieur Jean, que venez-vous faire ici?

— Vous embrasser, mademoiselle.

Reine éclata de rire à ma réponse. Puis, voyant que je tentais sérieusement l'escalade :

— Mon Dieu! murmura-t-elle, et Roset qui peut nous voir!

A ce nom de Roset, mon émotion fut si forte que je lâchai le balcon, où je m'accrochais déjà.

— Prenez garde! s'écria Reine en tendant la main pour me retenir.

Mais il était bien temps de prendre garde. J'avais glissé sur la grille et les buissons de fer qui défendent la fenêtre basse du rez-de-chaussée, et j'entendais les aboiements furieux de Vortex, le chien de ferme, qui accourait furieux au bruit de ma chute. Je n'eus que le temps de regrimper sur le balcon auprès de Reine toute tremblante.

Je devais être superbe à voir ainsi au clair de lune, pâle, sans chapeau, les habits en pièces et saignant quelque peu de la main droite qu'une pointe de la grille avait égratignée. Reine était ravie.

— C'est comme dans *Roméo!* disait-elle. Et

que venez-vous faire sur mon balcon, à pareille heure?

— Ne vous l'ai-je pas dit? je viens vous embrasser.

— Exprès pour cela! Vous auriez pu attendre jusqu'à demain, Jean-des-Figues?

— Attendre jusqu'à demain! mais vous ne savez pas... m'écriai-je; et me précipitant à ses pieds sur un genou, en héros de drame, je lui fis un récit pathétique de ma rencontre avec Roset, et du baiser que j'avais pris, et de l'étrange fièvre qui me tenait encore.

Mademoiselle Reine écouta tout cela sans avoir l'air de bien comprendre. Elle finit pourtant par me dire :

— Cette Roset n'est qu'une effrontée, je l'ai vue vous parler à l'oreille et j'ai grand'peur que vous l'aimiez.

— Aimer Roset! Dieu m'est témoin...

— Pourtant, ce baiser?...

— Hélas! Reine, n'est ce pas vos joues que je cherchais sur ses joues? Les amoureux, vous le savez, s'en prennent quelquefois aux arbres et aux fleurs. Moi, j'ai baisé Roset par amour pour vous comme j'aurais fait d'une rose!

— Alors, Jean-des-Figues, embrassez-moi, dit Reine, convaincue par mes détestables sophismes.

J'allais cueillir enfin le baiser désiré, la magique

fleur qui devait guérir ma folie, quand, tout à coup, un volet s'ouvre avec fracas au-dessus de nous; Reine s'enfuit, et moi, planté seul sur le balcon, devant la porte refermée, j'aperçois en levant la tête mademoiselle Roset qui riait dans le clair de lune.

Pauvre Roset! elle n'aurait certes pas ri d'aussi bon cœur, si elle avait pu deviner quel tort elle se faisait en m'empêchant d'embrasser sa rivale.

Plus tard, après deux ans, lorsque enfin je l'embrassai, j'éprouvai une sensation singulière : avec Roset, il m'avait semblé mordre dans le velours parfumé d'une pêche; embrasser Reine me rappela nos jeux d'enfants, quand nous nous amusions, avant le soleil levé, à tremper nos lèvres dans le froid aiguail qui se ramasse au creux des feuilles.

Que n'ai-je pu, hélas! prendre un baiser à Reine ce soir-là!

Sentant entre les deux régals une aussi notable différence, je voyais clair à temps dans mon cœur, je plantais là Reine, les grandes amours et le cousin Mitre, je courais à Roset, nous étions heureux naïvement, et nous mourions sans avoir d'histoire.

Mais la Providence ne le voulut pas, la Providence qui me destinait à de plus tragiques aventures! L'occasion du baiser ne se retrouva plus, et, toujours aussi Jean-des-Figues que devant, je continuai à croire que j'aimais Reine, et que, Roset, je ne pouvais réellement la souffrir.

XII

DÉPART SUR L'ANE

Mais j'avais beau dire, beau faire, l'image de Roset me poursuivait toujours. Il fallait pourtant trouver un moyen d'échapper à l'obsession de ce charmant et détestable succube.

Un instant je voulus entrer, en qualité de petit clerc, chez maître Cabridens, espérant, comme le poëte grec, m'asseoir et trouver le repos dans l'ombre de la bien-aimée. C'était raisonnable, mais trop simple. Rien d'ailleurs, dans la malle du cousin Mitre, ne m'autorisait à donner une suite aussi bourgeoise à des amours si magnifiquement inaugurés.

La malle, que diable! ne me parlait point d'étude ni de petit clerc. La malle me parlait de Paris, de la gloire. Voilà donc le grand remède trouvé!

Rien qu'à cette idée-là, moi qui n'avais écrit encore que quelques pauvres vers de collégien amoureux, je me sentais devenir poëte, et vaguement en mon cerveau images et rimes secouaient leurs ailes, comme font les abeilles aux premiers beaux jours, quand, n'osant pas encore se hasarder au dehors, on les entend bourdonner dans la ruche.

J'avais pourtant quelques remords : partir pour Paris me causait positivement trop de joie. Je n'aimais donc pas Reine ! Heureusement un ingénieux sophisme vint me tirer d'embarras.

— Après tout, me dis-je, Jean-des-Figues, ce n'est pas Reine que tu fuis, c'est Roset et son dangereux voisinage. Et m'extasiant une fois de plus sur cette destinée bizarre qui m'ordonnait de m'éloigner de Reine, si je voulais l'aimer comme il convient, je fis part à mon père un beau matin de mes projets de gloire et de voyage.

Mon père ne s'étonna point. Il n'avait pas des idées bien nettes sur Paris ni sur la poésie. Être poëte, c'était pour lui comme si je fusse allé à Aix-en-Provence étudier le tambourin. Pouvait-on espérer mieux d'un écervelé ?

Il fit plus, il vendit un cordon de vigne pour me garnir le gousset. Mais quand je parlai de chemin de fer et de diligences :

— Garde ton argent, imbécile, tu n'as pas besoin de chemin de fer. L'oncle Vincent est allé plus loin avec un ane et un sac de figues. Fais comme lui, je te donne Blanquet; Blanquet, tout vieux qu'il est, te porterait au bout du monde.

Ravi de son invention, il descendit vite à l'étable préparer l'équipement de Blanquet.

Mon propre équipement m'inquiétait davantage. Comment s'habillaient les poëtes? sous quel costume me présenter à Paris? Mon père optait pour une solide veste de cadis couleur d'amadou et un joli pantalon de cotonnade fauve. Ma mère, me voyant rougir, prononça tout bas le nom du tailleur à la mode où s'habillaient les jeunes élégants cantoperdiciens ; mais le brave homme fit semblant de ne pas entendre : — Attendez, dit-il tout à coup, je crois que j'ai notre affaire, et, avant que nous eussions le temps de nous reconnaître, il montait à la chambre d'en haut, ouvrait, refermait des commodes, et rapportait triomphalement un costume tout en velours, quelque peu fané, mais complet des pieds à la tête, le propre costume du cousin Mitre qu'il s'était commandé pour aller à Paris. La mort, hélas! était survenue, ce pauvre Mitre n'avait jamais pu arriver à bout de rien, et le costume se trouvait neuf encore.

Un costume du plus pur 1830, mes amis! Et ce qui doublait mon ravissement, c'est que j'avais vu dans la malle du cousin Mitre le portrait d'un de nos grands poëtes avec un costume pareil. — Il faudra peut-être le retailler, disait ma mère. O bonheur! culotte et pourpoint m'allaient comme un gant, bien qu'une idée larges. Quelle joie quand je sentis, planant sur ma tête, le grand feutre mou des temps héroïques; quand j'eus aux pieds des souliers jaunes, de vrais souliers à la poulaine relevés en bec d'oiseau comme ceux de Polichinelle ; un gilet pourpre sur la poitrine, et dans le dos un pourpoint superbe fait du plus magnifique velours bleu.

Quelle affaire le jour où je partis! Blanquet, ce jour-là, était encore plus beau que moi, tout harnaché de blanc avec des houppes de laine rouge et bleue. Ravi de se voir si bien vêtu, il faisait bonne mine sous la charge.

— Écoute ceci, Jean-des-Figues : si tu as soif, tu boiras un coup à la gourde... et l'on attachait la gourde au trou du bât.

— Jean-des-Figues, quand tu auras faim, vous vous arrêterez à un arbre, tu mangeras un morceau en laissant Blanquet paître... et près de la gourde on suspendait un grand sac bourré de figues sèches.

— Jean-des-Figues, si une fois tu as sommeil... Au bout d'un quart d'heure de ces recommandations, Blanquet avait autour de lui autant de paquets qu'un mauvais nageur a de vessies.

Enfin j'embrassai les amis, et maître Cabridens fort tendrement en songeant à Reine qui n'était point venue. Cela dura une demi-heure; tout le monde pleura, ma mère me pendit au cou une médaille bénite; mon père, d'un air bourru, me glissa une bourse ronde dans la ceinture :

— Sois sage, Jean... puis : *Axri, Blanquet!* et voilà Jean-des-Figues parti pour la gloire.

Quand je fus au milieu du pont de pierre, d'où l'on

enfile du regard toute la vallée de Durance, pris de je ne sais quelle émotion, je regardai bien attentivement, pour les emporter peints sous ma paupière, ces lieux où je laissais tant de souvenirs : la maison blanche, et les ruines, la salle aux quatuors, la fenêtre, le sentier du bois, les petites sorgues reluisant là-bas comme argent fin, et le vivier tout vert, trop éloigné pour que j'en pusse entendre la rainette.

Une voix railleuse interrompit ma contemplation :

—Comme te voilà beau, Jean-des-Figues! emmène-moi en croupe à Paris, me criait Roset, assise sur le parapet du pont. Tant d'effronterie m'irrita, et détournant les yeux de la tentation, je mis Blanquet au trot en invoquant l'âme du cousin Mitre.

C'était fini. Je tournais, à ce moment, l'angle du rocher, et mes concitoyens debout sur les remparts, ne devaient plus voir que la queue de mon âne brillant au soleil avant de disparaître, et le bord de mon pourpoint trop large qui flottaient orgueilleusement au vent du soir.

XIII

FUITE DE BLANQUET

Ce fut un singulier voyage! Tout le long du chemin les gens riaient. Que voulez-vous? on n'est pas accoutumé, maintenant, de voir un garçonnet en costume romantique, justaucorps rouge et chapeau pointu, trotter ainsi à la conquête de Paris, sur un âne gris, avec un sac de figues sèches pour valise. Mais nous laissions bien les gens rire et n'en trottions que de meilleur cœur.

Blanquet, il faut le dire, avait le trot aigu, et l'échine maigre ; pour changer un peu, de temps en temps, je m'accompagnais avec des rouliers : ils me laissaient monter dans leurs carrioles, et Blanquet leur rendait cela en donnant un coup de collier à l'occasion. C'était exquis! Une fois seulement, du côté de Dijon, la maréchaussée nous arrêta, trompée, j'imagine, par l'étrangeté de mon équipage ; et nous eûmes la honte, toute une longue après-midi, de nous voir conduits, Blanquet et moi, entre deux gendarmes, comme de vulgaires malfaiteurs. À part cela, pas la moindre aventure. Pour logis, suivant l'état du ciel, l'auberge à piétons ou la belle étoile; Blanquet se régalait d'herbe fraîche, moi de mes figues qui duraient toujours.

Tout âne qu'il fût, Blanquet se montra fort sensible aux mille surprises du voyage. Légèrement étonné d'abord, lui qui n'était jamais sorti de nos montagnes parfumées et sèches comme une poignée de lavande, il traversa d'un pas mélancolique le Dauphiné et ses sapins, Lyon et ses prairies noyées, la Bourgogne et ses grands vignobles, tous ces beaux pays qui ressemblaient si peu au sien; et plus d'une fois, à notre halte du soir, tandis que moi-même assis sous un buisson, je vidais ma gourde au soleil couchant, je le vis, ce brave Blanquet, une bouchée d'herbe tremblant au coin de ses grosses lèvres, s'interrompre de son repas, s'orienter comme un musulman, et flairer dans le vent, l'œil humide, quelque lointaine odeur d'amande amère ou de romarin.

Ces tristesses de Blanquet augmentaient mes tristesses; et plus d'une fois aussi, — pareil au poëte capitan Belaud de la Belaudière lorsqu'il vit les clochers d'Avignon s'effacer pour toujours dans les vapeurs claires du Rhône, — Jean-des-Figues, chevauchant au bord des routes et le cœur gros de Canteperdrix, emperla de larmes les pieds de sa monture.

Cependant, à mesure que Canteperdrix s'éloignait, nos mélancolies diminuèrent. La Champagne, bien que peu aimable, ne nous vit presque pas pleurer; et Blanquet, mis en joie par l'odeur du vert, était pour le moins aussi gai qu'au départ, en parcourant cette Ile-de-France si mouillée, et les mignons paysages des environs de Paris.

Pour moi, je n'avais plus qu'une idée, qui me faisait oublier tout : nous approchions! Encore une rivière, encore une ligne de coteaux, et là-bas, du côté où le ciel paraissait tout rouge le soir, c'était la grand'ville! De temps en temps je m'arrêtais, croyant en entendre le bruit.

Enfin nous l'atteignîmes, ce Paris de nos rêves, nous l'atteignîmes au jour tombant, un mois juste après avoir quitté Canteperdrix.

Quel tapage, Seigneur Dieu! On eût dit une écluse, mais plus grande des milliers, des milliards de fois et plus grondante que celle de notre moulin banal. Que de tours! que d'édifices! que de cheminées! Et ce grand fleuve avec ses ponts, et ces lumières à perte de vue, allumées déjà, quoiqu'il fît encore un peu clair, et qui tremblaient tristement dans le demi-jour et la fumée!

J'avais mis pied à terre; moi tirant la bride, Blanquet derrière, nous montâmes, pour mieux voir le coup d'œil, sur un petit tertre tout gris, entre des maisons qu'on bâtissait. Il y avait là un peu de gazon pauvre et noir comme de l'herbe de cimetière. — Tiens, mange, Blanquet, mange, dis-je en m'essuyant les yeux sur la manche de mon pourpoint. Mais

Blanquet, pas plus que moi, n'avait le cœur à manger. Blanquet contemplait Paris, et voyant s'agiter à ses pieds cette mer de bruit et de lumières, il remuait l'oreille gauche avec inquiétude et reniflait. Puis, tout d'un coup, pris d'une terreur prodigieuse, il m'arrache le licou des mains, avant que j'aie songé à le retenir, et part, faisant feu des quatre pieds, vers la terre natale.

Je le suivis longtemps du regard : des chiens aboyaient après lui ; il culbutait sur son chemin des vieilles, des soldats, des gens en blouse ; et, quand il ne fut plus qu'un point noir à peine visible au bout de l'interminable allée, quand enfin il eut disparu, je descendis à mon tour, et passai la barrière, mais honteux, les mains dans les poches, baissant les yeux devant les douaniers assis et les carriers en bourgeron, qui ne s'arrêtaient pas de rire, appuyés sur leur chargement de terre glaise.

Comme cela ressemblait peu à l'entrée triomphale que Jean-des-Figues avait rêvée ! Paris me faisait peur maintenant. Je me figurais Blanquet courant du côté de Canteperdrix et de notre maison de la rue des Couffes. — Du train dont il va, me disais-je, il ne sera pas longtemps en route ! et l'envie me vint de le suivre. Ah ! si j'avais été, comme lui, libre de mon cœur et de mes actes ! Mais n'avais-je pas la bohémienne à oublier, la gloire à conquérir ?...

Je songeai d'abord à la gloire.

XIV

UNE PREMIÈRE

Quel malheur c'est, lorsqu'on veut se consacrer aux lettres, d'avoir un cousin homme de goût !

Si le pauvre Mitre avait été tout simplement un de ces candides provinciaux grisés par la lecture des journaux du cercle, qui rêvent, le soir, de vie littéraire, en regardant la lune se lever sur Paris ; et si j'avais trouvé au fond de sa malle les mille riens charmants, — romans, brochures ou gazettes, — évanouis aussitôt qu'envolés, mais où se reflète le Paris de chaque jour, comme un paysage dans la bulle de savon qui passe ; effrayé peut-être de voir le peu de place qu'y tient la poésie, et ne me sentant le courage d'être boursier, reporter, ni avocat, j'aurais fait bien vite mon deuil de la gloire et serais resté, dans Canteperdrix, à tailler ma vigne.

Hélas ! le pauvre Mitre était un esprit rare, et les dix ou douze livres, choisis avec un sens exquis, qu'il me laissa, m'avaient donné sur Paris les idées les moins raisonnables du monde.

Ne me figurais-je pas, après les avoir lus, que j'allais vivre dans un pays fait tout exprès pour les poëtes, où les paroles seraient harmonieuses comme des vers, les femmes belles, les hommes, sans exception, spirituels et généreux; où l'on n'aurait, enfin, d'autre souci, artistes et lettrés, que de fumer la pure ambroisie dans des pipes de diamant et d'or!

Pauvre Mitre fit sagement de mourir jeune et de voir toutes ces belles choses de loin. Pour moi, que vouliez-vous que je devinsse, débarquant ainsi dans Paris avec mes idées et mon costume de l'autre monde, un double amour embrouillé au cœur, tout bariolé d'illusions, tout pomponné d'espérances, et plus embarrassé de ce beau plumage que ne le serait un oiseau des îles, perdu, un jour de pluie, en plein bois de Vincennes ou de Meudon!

Je devais être fort comique la première semaine. Soit habitude de méridional, soit que je voulusse fuir tous ces promeneurs qui se retournaient sur mon passage, pour ces deux motifs peut-être, j'avais soin de prendre, dans les rues, le trottoir au soleil, et je m'en allais, tout seul, suivi de mon ombre romantique. Je cherchais le Paris des poëtes. Je le cherchai longtemps, un peu partout, sur les boulevards, dans les cafés; et chaque fois que je voyais quelque beau garçon, à chaîne d'or, bien ganté, l'œil souriant et la barbe heureuse, descendre de voiture en joyeuse compagnie : — Ce doit en être un, me disais-je, et j'avais envie de me présenter.

Que de négociants fortunés je pris ainsi pour des poëtes !

Je me promènerais encore, si, certain soir où j'errais mélancolique devant les théâtres illuminés, un monsieur plein d'obligeance ne m'eût offert de me vendre un fauteuil d'orchestre. J'acceptai, non sans faire violence à ma timidité ; il m'en coûta un louis d'or de ma sacoche, mais je ne le regrettai point. Jugez donc : c'était justement une première.

Jamais de la vie je n'avais mis le pied dans un théâtre. Aussi, de voir, cette salle éblouissante, le lustre qui étincelait, le cristal des girandoles, le velours rouge et l'or des loges ; de coudoyer ces hommes en habit élégant, sur le front de qui, toujours à mes préoccupations, je cherchais à deviner le génie ; de respirer le parfum délicieux et nouveau qui descendait des loges et du balcon, comme d'un vrai bouquet de femmes ; d'éprouver tout cela, et de me sentir, moi Jean-des-Figues, au beau milieu, une émotion subite me vint.

La musique commence, le rideau se lève, on applaudit le décor, les comédiens paraissent avec les comédiennes. Mais Jean-des-Figues n'entend rien, ne regarde rien. Grisé de sons, de couleurs et de parfums, Jean-des-Figues s'est dédoublé, et, des hauteurs où plane son rêve, il s'aperçoit lui-même distinctement, assis avec son justaucorps écarlate, dans ce petit cube de pierre, blanc au dehors, doré par dedans, où les artistes et les poëtes se réunissent pour goûter en commun les plus exquises des jouissances humaines, cependant que la terre tourne emportant tout également dans son indifférence souveraine, Paris, le mont Blanc, la Palestine et la Cigalière, Blanquet avec les empereurs, et Jean-des-Figues assis dans sa stalle; et les imbéciles qui restent notaires à Canteperdrix!

Alors, transporté d'admiration pour tant de grandeur cachée dans cette apparente petitesse, Jean-des-Figues, la première fois de sa vie, se sent fier d'être homme. Il a des larmes dans les yeux, il est heureux de vivre, il respire avec une volupté attendrie cet air du théâtre, un peu chaud il est vrai; mais si embaumé, et se tournant vers son voisin au moment où le rideau retombe :

— Que c'est beau, monsieur ! lui dit-il.

Puis, sans attendre la réponse (il avait tant de joie qu'il lui fallait, à toute force, en faire part à quelqu'un); Jean-des-Figues raconte qu'il s'appelle Jean-des-Figues de Canteperdrix, et ce qu'il vient chercher dans la capitale.

Mon voisin, un grand bel homme fort comme un Turc, me laissait parler en me considérant d'un air curieux, et non sans sourire dans sa large barbe; Pourtant une fois que j'eus fini, il ne sourit plus, et lui-même, d'un air sérieux, me proposa de me faire les honneurs du théâtre.

Nous montâmes ensemble au foyer où jamais je n'aurais eu le courage d'aller tout seul. Là, passant en revue l'assemblée de déesses et de demi-dieux, il me les nomma tous et toutes, petits jeunes gens et grandes dames, cocottes et faiseurs d'affaires, banquiers, gens de ministère et pianistes, tout le personnel des premières représentations.

Il mordait sa moustache à chacun de mes étonnements; mais quand je lui dis l'histoire de la malle, et l'idée que je me faisais des gens qui se promenaient devant nous, il éclata si fort et rit si longtemps que j'en devins rouge comme mon gilet.

— Les grands hommes de votre cousin, monsieur Jean-des-Figues! En voilà un, tenez, fit-il en me montrant un personnage à la physionomie ennuyée qui s'en allait la cravate blanche de travers et courbé dans son habit noir : c'est le seul qui soit ici, je crois, il vient faire son feuilleton pour vivre.

Ce n'était donc pas pour les poëtes qu'était faite la poésie! Alors, pris d'une tristesse profonde, attristé de voir combien la réalité ressemblait peu aux rêves que j'avais faits, je regrettai de plus belle que Blanquet en s'enfuyant ne m'eût pas emporté sur son dos avec le reste du sac de figues, et sans plus songer où j'étais:

— Ah! Mitre, mon pauvre Mitre! m'écriai-je. Mon nouvel ami s'empressa de me mener au grand air.

XV

SUR L'IMPÉRIALE

Une fois dehors : — « Vous voulez des poëtes, dit-il, nous allons en voir tout à l'heure. » Puis, me montrant du haut du perron le boulevard bruyant comme Canteperdrix un jour de foire, les cafés, les lumières, et la tempête d'hommes, de femmes parées et de voitures qui, pareille au Maëlstrom, s'émeut régulièrement sur ce point quand le soleil se couche, et ne cesse plus de gronder jusqu'aux premières clartés du jour : — Oui, voilà Paris! voilà la serre merveilleuse où les plus belles fleurs humaines ne devraient s'épanouir et embaumer que pour nous!... Ah! Jean-des-Figues, naître au XVIe siècle, aimer des souveraines comme le Tasse, défendre des villes comme Léonard, braver des papes comme Michel-Ange, vivre comme Rabelais, mourir comme Raphaël et tuer comme Benvenuto des princes à coups d'arquebuse, c'est là évidemment ce qu'il nous aurait fallu.

Le sculpteur Bargiban, vous savez maintenant le

nom et le titre de mon nouvel ami, disait ces choses-là très-sérieusement, moi, je les écoutais sans rire; il parla longtemps ainsi, maudissant avec une grande éloquence ce siècle où les âmes sont captives, où rien de grand ne peut être fait.

— Nous nous imaginons être plus jeunes que nos pères, disait-il d'une voix à faire trembler, comme si la feuille du prochain automne se croyait plus jeune que les fleurs du printemps dernier. Être l'automne du monde, l'hiver peut-être, quand d'autres plus heureux en furent le printemps et l'été !

Ici nous montâmes sur un omnibus; car s'il était charmant au pays de Platon de discourir les pieds nus dans l'eau, il l'est beaucoup moins de causer politique et philosophie en trempant ses bottes dans les boues parisiennes. D'ailleurs je marchais mal, et me heurtais à chaque pas, n'ayant pas l'habitude du trottoir.

— Moi aussi, Bargiban, m'écriai-je une fois perchés, moi aussi je voudrais faire quelque chose d'énorme, et je comprends enfin ce que j'éprouvais tout à l'heure, au théâtre, pendant que les musiciens jouaient. Je ne me rappelle plus l'air, mais en l'entendant, voyez-vous, il m'est venu une foule de sensations si grandes, si grandes, que mon cœur, pour les contenir, s'enflait, près d'éclater. Puis les instruments se sont tus; ils jouaient bas, très-bas, et je n'ai plus entendu qu'un petit fifre comme si un régiment défilait. Il m'a semblé alors que nous marchions une troupe derrière lui, tous forts, tous braves, tous portés par la même espérance. Qu'était cette espérance? Je l'ignore, mais c'était beau et généreux sûrement. Le petit fifre soufflait toujours, chantant à l'unisson de ma joie, et il exprimait si justement ce qui se passait en moi-même, qu'à certain moment, ce fifre enragé je l'entends encore! c'était mon âme, la propre âme de Jean-des-Figues qui chantait.

— Je pleurais comme vous, autrefois, dans les théâtres, me dit Bargiban avec un rire amer; et il resta un moment, silencieux, à tordre sa moustache d'un air satanique.

L'omnibus roulait sur un pont.

— Tiens, s'écria tout à coup le sculpteur en couvrant d'un geste la grande ville, les quais sombres et la Seine où courait, reflétée dans l'eau, la lanterne rouge des fiacres, sois maudite, ô Rome, plus belle et plus âpre à l'argent que l'ancienne Rome! ville qui ne sais pas te donner à ceux qui t'aiment, ville qui te ris de l'art à qui tu dois la gloire comme la courtisane de l'amour, sois maudite! Et puissent-te rajeunir les barbares ainsi qu'on rajeunit l'olivier, en le rasant au ras du sol, afin qu'il jette des pousses nouvelles.

J'avais peur; Bargiban semblait tenir la torche de Néron. Je le voyais déjà se couronnant de roses pour regarder Paris flamber du haut de l'impériale. Mais laissant retomber son bras et considérant la grande Ourse avec tristesse :

— Hélas! s'écria-t-il en forme de conclusion, les Cimbres en gants jaunes écoutent chanter la Patti, et la terre épuisée n'a même plus de barbares[1] !

Tant d'éloquence me transporta.

— Quel artiste vous devez être, monsieur Bargiban!

— Venu dans un siècle meilleur, j'aurais taillé des statues en plein marbre, et l'on eût dit Bargiban comme on dit Michel-Ange. A présent, reprit-il avec mélancolie en tirant de sa poche quelques menus objets que je ne distinguais pas bien à la lueur du gaz, à présent, quand par hasard je soupe, j'ai soin d'emporter deux ou trois belles écailles d'huître que je taille en camée à la ressemblance des grands hommes mes contemporains. Et maintenant, monsieur Jean-des-Figues, donnez-vous la peine de descendre, nous arrivons chez les poëtes.

Le statuaire Bargiban, rivé par la nécessité à la sculpture sur écaille d'huître, me paraissait un Prométhée.

[1] Ceci avait été écrit et publié avant la guerre prussienne.

XVI

LE CÉNACLE

Jean-des-Figues jouait de bonheur, car le petit café où son ami Bargiban l'introduisit était bien le plus bizarre petit café du monde. Chacun me fit l'effet d'être un peu fou là-dedans, ce qui m'allait on ne peut mieux, mais fou d'une folie généreuse, tous les jeunes gens que nous trouvâmes là en train de boire, ayant, je m'en aperçus bientôt, ouvert comme moi la malle de quelque cousin Mitre.

Aussi mon enivrement fut tel, après mes premières déconvenues, de respirer enfin un air chargé de poésie, que j'en oubliai d'abord le but véritable de mon voyage, et la petite Roset, et mademoiselle Reine, et l'inquiétude de ce double amour. Il s'agissait bien d'être amoureux maintenant !

Le sculpteur, sur son omnibus, m'avait assez exactement exposé le criterium du cénacle :

Nous n'en étions plus, je dis nous parce que je me trouvai enrôlé tout de suite, nous n'en étions plus, Dieu merci ! en fait de littérature ni de sentiment, aux clairs de lune romantiques. Pareil à ces fleurs qui, lorsqu'on les change de climat, changent aussi de parfums, le vieil idéal des poëtes, se transformant peu à peu dans la chaude atmosphère du Paris nouveau, était devenu matériel en quelque sorte. Idéal, matériel, ces mots jurent moins qu'ils n'en ont l'air.

Convaincus, comme chacun d'ailleurs me paraît l'être en ce siècle de large vie, que la terre est un grand jardin où les fruits savoureux ne manquent guère; enragés de voir, ce qui nous paraissait une souveraine injustice, que les plus beaux n'étaient pas pour nous; nous avions pris le parti de mener dans nos vers l'existence voluptueuse et désordonnée qu'il était interdit de mener plus efficacement. Nous nous étions faits par dépit libertins, césariens et sceptiques. Ardente soif de voluptés, vastes désirs inassouvis, tel était l'éternel sujet de nos poëmes. Tous les siècles, tous les pays, cités maudites et civilisations bizarres, Thèbes aux cent portes et Persépolis, Sodome, Rome et Babylone, mises à contribution, nous fournissaient de maîtresses étranges et de plaisirs exorbitants; l'Univers enfin et l'Histoire étaient pour nous comme un vaste marché d'esclaves où se promenait, en faisant son choix, notre toute-puissante fantaisie.

Je ne parle pas des raffinés qui après avoir épuisé — littérairement — la coupe des jouissances connues, ne trouvaient plus d'autre moyen que de se réfugier dans le bizarre, et nous effrayaient, nous autres novices, en racontant comment un poëte doit s'y prendre pour amener son épiderme et ses nerfs à un état d'exaspération régulier, par l'abus quotidien du *cannabis indica*, de l'opium et du vin d'Espagne.

Ce n'est pas qu'on ne sût encore à l'occasion se désespérer en belles strophes, comme ceux de 1830. Seulement nous ne pleurions plus aux étoiles. Les rêves d'Olympio avaient pris corps, ses vagues aspirations étaient devenues, dans nos vers, de très-exactes convoitises, et si parfois une larme y tremblait, cette larme qui fait si bien au bout d'un rime! c'était la larme de Caligula, un autre rêveur :

— « Que l'univers n'est-il une pomme, on le croquerait d'un coup de dent ! »

Une littérature orgiaque à ce point paraîtra peut-être ridicule chez de braves garçons qui, pour la plupart, vivaient fort modestement de leçons ou de petits emplois. Mais que voulez-vous, il faut que jeunesse s'occupe, et nous n'avions ni frontières à défendre, ni bustes classiques à briser.

Pourquoi d'ailleurs cette curiosité de jouissances qui, violente ou maladive, tourmente l'homme aujourd'hui, n'aurait-elle pas droit à l'expression comme tant d'obscures et chimériques mélancolies? Qui sait, peut-être n'a-t-il manqué qu'un peu de génie à l'un de nous pour créer une Muse nouvelle que Bargiban aurait déssinée, non plus avec des ailes d'ange, des yeux d'Anglaise et une couronne de fleurs pâles au front, mais adorablement épuisée, ainsi que la Vénus de Gœthe, ou sous-la forme de quelque belle mulâtresse aux seins d'ambre, aux vêtements roides d'or.

O mon double premier amour, de combien de trahisons Jean-des-Figues se rendit coupable! L'Europe, l'Asie, l'Afrique, l'Amérique et l'Océanie furent mes complices, et j'adressai tant de vers amoureux aux Géorgiennes, aux Mahonaises, aux Indiennes, aux Chinoises, aux Malaises et aux Malabraises, que plus tard, réunis en volume, la table des matières en ressemblait à une liste des *Mille-e-tre*, recueillie çà et là dans tous les ports par quelque vieux matelot galant qui aurait fait le tour du monde.

Pendant que mon livre se préparait, Bargiban écrivait la préface. Oui, Bargiban, le sculpteur critique! car il se mêlait de critique aussi, ce Bargiban que je soupçonne parfois d'avoir été un mystificateur de génie quand je me rappelle son musée d'écailles d'huître et l'art perfide avec lequel, poussant à l'extrême certaines de nos idées, il savait en faire éclore les conséquences les plus bouffonnes et les plus inattendues.

Dans cette préface-monument, Bargiban exposait sans rire, une théorie du vers, depuis longtemps flottante parmi nous, mais que, le premier, j'avais su condenser en formule :

— « La poésie, disait-il, n'est pas, comme on l'a cru, un art purement intellectuel; elle est art sensuel par bien des côtés, voisine à la fois de la musique et de la prose. La mission du vers ne se borne pas à suggérer des idées par des phrases, le vers éveille aussi des sensations par des images et des sons. »

Et il citait, le brigand, fort spécieusement je l'avoue, nombre de vers tirés de nos plus grands poëtes, vers d'un sens plus qu'obscur, mais d'un superbe effet, où certains mots sans valeur logique prennent une valeur musicale, et n'ayant pas d'autre signification qu'une note, évoquent la même sensation qu'elle :

Les seins étincelants d'une folle maîtresse.

Étincelant ne veut rien dire, et pourtant qu'il fait voir de choses !

— « Suivons donc, s'écriait mon Bargiban enthousiasmé, suivons le novateur Jean-des-Figues; et tandis que, sous les mains de Wagner, la vieille musique s'infuse un sang nouveau en se faisant aussi littéralement parlante et significative que la poésie, pourquoi la poésie, de son côté, n'essayerait-elle pas de ravir à la musique quelque chose de sa divine paresse et de son harmonieuse inutilité? »

J'écrivis un poëme de ce style, et ce n'est pas celui qui réussit le moins. De sens, naturellement pas l'ombre. Mais les pages y ruisselaient de mots chatoyants et sonores, de mots de toutes les couleurs. On voyait des passages gais où il n'y en avait que de bleus, d'autres tristes où il n'y en avait que de jaunes. Je me rappelle une pluie composée des plus froides, des plus claires, des plus fraîches syllabes que pût fournir le dictionnaire de M. Littré, et certain coucher de soleil dont chaque vers pétri de mots empourprés et bruyants flamboyait à l'œil et crépitait comme un brasier d'incendie.

Vers et théorie me valurent de grands succès aux lectures préparatives du cénacle. Je trouvai un titre, un éditeur. Quelqu'un qui connaît le secrétaire de Sainte-Beuve me fit espérer une goutte d'eau bénite pour le jour où monseigneur de Montparnasse, officiant pontificalement, donnerait sa bénédiction aux *poetæ minores* agenouillés. Un Athénien de Paris, tout fantaisie et malice, fit de moi un portrait à la plume où il disait que j'étais beau comme un jeune héros, et que si j'avais le bout du nez un peu de travers, c'était, esthétiquement, une grâce de plus. On mit mon nom dans quelques journaux; des gens chevelus me saluèrent. Je n'étais plus Jean-des-Figues tout court, j'étais devenu le jeune poète Jean-des-Figues, et je n'avais mis que trois mois à cela.

XVII

LA GRECQUE DES ILES.

Et Reine? Et Roset?

En dépit de leurs théories singulières à l'endroit des femmes, mes amis du cénacle avaient presque tous une maîtresse, bonnes filles qu'ils aimaient beaucoup et aux pieds de qui, ô sacrilége! ils écrivaient, eux les raffinés et les sceptiques, des vers amoureux en se cachant.

Je ne faisais, moi, de vers amoureux pour personne. Tout entier à l'orchestration de mes musiques et fier d'avoir oublié Reine sitôt, chose cependant naturelle, je me croyais revenu de l'amour, ce pays où jamais je n'étais allé! Quant à Roset, si parfois, dans mes rêveries, une bacchante rouge sous ses raisins, ou quelque centauresse, empruntait sa brune figure, qu'avait de commun, je vous demande, avec le véritable amour auquel je ne croyais plus, ce caprice de mon imagination, perdu au milieu de tant d'autres voluptueux caprices?

Me voyant ainsi sans passion au cœur et sans maîtresse, mes amis me prêtèrent bientôt je ne sais quels vices obscurs auxquels ils faisaient parfois allusion, et moi je les laissais dire sans bien comprendre, car tous ces soupçons et ce mystère flattaient singulièrement ma vanité.

J'étais devenu l'homme important de notre petit monde; aussi ne m'étonnai-je pas, un matin, une voiture s'étant arrêtée à ma porte, de voir entrer la maîtresse de Bargiban en ses atours, et derrière elle un jeune homme pâle et long comme une laitue montée en graine. C'est quelque cousin de province, pensai-je, que Bargiban a chargé Lucile de promener.

— Monsieur Jean-des-Figues, dit Lucile.

Le visiteur s'inclina.

— Monsieur Nicolas Nivoulas, reprit l'introductrice en ayant soin de prononcer Nicolasse Nivoulà, histoire de rire.

— Nicolà Nivoulasse, rectifia le cousin d'une voix timide. Puis, m'adressant un pâle sourire de la couleur de sa barbe qu'il avait jaune :

— Cher maître... dit-il. Mais Lucile l'interrompit :

— Et parlez donc, monsieur le capitaliste. Jean-des-Figues, voici : il s'agit de fonder une revue, le titre est trouvé : LA REVUE BARBARE, *organe de la nouvelle poésie*. Rédacteur en chef, Nicolas Nivoulas; administrateur, Bargiban. On vient vous proposer le fauteuil de secrétaire de la rédaction. Ça va-t-il? Moi, je suis caissier.

9

Lucile caissier! L'affaire devenait sérieuse, et ce fut à mon tour de m'incliner. Nicolas Nivoulas n'était plus long, il était grand; et subitement ses cheveux carotte prirent à mes yeux la couleur vénérable de l'or. Un capitaliste, un fondateur de journaux qui venait me demander ma collaboration, en voiture! J'aurais donné quinze jours de ma vie, afin que quelqu'un pût me voir de Canteperdrix.

La *Revue barbare* naquit. Mais quel intérieur pour un intérieur de revue! Bargiban faisait ou était censé faire les abonnements sur un piano; Lucile dès le premier jour s'était installée à la caisse, et un quadrille de poëtes et de muses se trémoussait en permanence dans le cabinet de rédaction. Ce cabinet vaut qu'on le décrive : mille curiosités apportées par les rédacteurs riches, costumes, étoffes et colliers, émaux italiens, faïences persanes, poignards, narghilés et lanternes peintes s'y entassaient dans un désordre de haut goût, ne laissant pas voir du mur un morceau grand comme l'ongle. Le long de la corniche, Bargiban avait disposé son fameux musée d'écailles d'huître, et sous la rosace du plafond, à l'endroit où pend l'œuf de rock des contes arabes, se balançait un mignon squelette d'enfant vêtu d'un pourpoint écarlate et bleu — ton propre pourpoint, ô cousin Mitre! recoupé pour la circonstance — et qui laissait voir par ses crevés les côtes polies soineusement et les vertèbres blanches comme neige.

— Si un bourgeois venait s'abonner! disions-nous quelquefois en riant déjà de sa surprise. Malheureusement, le bourgeois s'obstinait à ne pas venir.

Nivoulas néanmoins nageait en pleine joie : il tutoyait des journalistes! Si vous l'aviez vu promenant son importance dans les coulisses de Montparnasse, ou bien quand il criait « mes dettes » chez notre restaurateur, sauf à payer subrepticement son dîner dans l'escalier, en ajoutant un fort pourboire pour qu'on fît semblant de se plaindre! C'était ridicule, mais que voulez-vous, le malheureux avait sur la vie littéraire de Paris toutes les grandes traditions de la province.

Qui diable, en attendant, se fût imaginé que dans le corps de cet homme jaune, si mince qu'il ployait au vent, se cachait un formidable adorateur de la force brutale et du muscle? Car c'est ainsi que Nivoulas se révéla.

Catéchisé par Bargiban, j'imagine, et secrètement ennuyé de se voir si maigre, Nivoulas fit des armes à mort et exécuta des tours de force en hydrothérapie; il se livra aux masseurs, victime résignée! suivit les luttes de l'arène et perdit une partie de ses journées à lever des haltères chez Triat. Après un mois de cette culture, Nivoulas, aussi efflanqué que jamais, se trouva seulement avoir grandi de quelques pouces. Tout lui profitait en longueur.

Estimant néanmoins son système musculeux convenablement préparé, Nivoulas nous déclara qu'il allait écrire une œuvre forte, brutale et carrée, une œuvre moderne, vécue et convaincue, une œuvre enfin d'homme bien portant, qui n'aurait rien de commun avec nos corruptions et nos mièvreries ; et pour mieux prouver que ce n'étaient point là projets en l'air, il porta le soir même son premier chapitre à l'imprimerie et se mit à boire la bière, cela lui barbouilla l'estomac quelquefois, dans un gobelet d'un demi-setier, à la façon pantagruélique.

Ce premier chapitre ne parut jamais. La Revue publia des critiques de Bargiban, des vers de moi, quelque chose de tout le monde ; Nivoulas seul n'y eut jamais rien. Comme par un fait exprès, toujours au moment de mettre sous presse, quelque accident imprévu venait renvoyer d'une fois encore l'apparition du malheureux chapitre, et les livraisons succédaient aux livraisons, portant invariablement sur leur couverture cette annonce irritante et mélancolique : — *A paraître dans notre prochain numéro le premier chapitre du roman si impatiemment attendu,* LA VIE EN ROUGE, *par M. Nicolas Nivoulas. Cette œuvre musculeuse et saine...,* etc... etc.

Ainsi dépouillé de sa revue, le pauvre garçon n'osait se plaindre ; et, comme seul de toute la bande je lui témoignais quelque amitié, plus d'une fois il me fit le confident des amertumes de son âme :

— Ils me refusent tout, monsieur Jean-des-Figues ;

j'ai essayé de leur donner des vers, mon *Jupiter peignant les comètes*, dans la grande manière archaïque et grecque... refusé comme le reste! La fin était bien, cependant; et ce malheureux Nivoulas me récitait la fin :

> Des étoiles restaient entre les dents du peigne!
> Sur son trône taillé dans un clair diamant,
> Ayant la Kêr à droite, à gauche ayant la Moire,
> Zeus tout au fond des cieux souriait gravement,
> Et son ongle écrasait les astres sur l'ivoire.

Un jour, moins triste qu'à l'ordinaire, Nivoulas me confia que, résolu de frapper un grand coup, il voulait, le soir même, lire son fameux premier chapitre à tout le cénacle assemblé.

— Promettez-moi d'y venir, mon cher Jean-des-Figues. Puis plus bas, souriant, et sa pâle figure éclairée d'un vif rayon de joie : — Je vous montrerai ma maîtresse, fit-il en me serrant la main.

Une maîtresse à Nivoulas! à Nicolas Nivoulas!! Je n'eus garde, vous pensez bien, de manquer au rendez-vous. Quand j'arrivai, nos fenêtres joyeusement éclairées jetaient un bruit d'éclats de rire et de musique dans la rue teinte en rouge par le reflet des rideaux. Nivoulas, en m'attendant, fumait un cigare sur la porte.

— Serai-je à temps pour la lecture?
— Oh! oui, me répondit-il, on n'a pas encore

9.

commencé, je ne sais pas quel train ils mènent là-haut.

Nivoulas affectait un air indifférent, mais je n'eus pas de peine à voir combien, au fond, il était malheureux. Est-ce qu'après lui avoir pris sa revue, me disais-je en montant l'escalier, ces enragés-là lui auraient encore pris sa maîtresse? Je ne me trompais pas de beaucoup.

Au beau milieu du salon, sur des coussins entassés, une jeune personne était assise. — La Grecque des îles! murmurait-on. Son air ne me parut pas nouveau, pourtant je ne la reconnus pas d'abord, à cause du costume. Figurez-vous qu'elle portait une robe d'or fendue par devant à la mode orientale, et sous la robe une chemise de soie, claire comme de l'eau claire, qui laissait entrevoir, ma foi! une fort jolie petite personne. Ces messieurs avaient trouvé madame plus amusante qu'une lecture, ils l'avaient grisée de champagne, et pour le quart d'heure on en était déjà à lui indiquer des poses plastiques, caprice d'artistes auquel l'aimable enfant, qui avait l'air de s'amuser beaucoup, se prêtait avec une rare complaisance.

Je compris alors la tristesse de Nivoulas.

Tout à coup, la Grecque des îles me regarde, pousse un cri et se précipite à bas de ses coussins, si vivement, ô pudeur! que sa babouche s'embarrassant dans un pli de sa fine chemisette.....

— Jean-des-Figues!... Jean-des-Figues!... criait-elle en éclatant de rire; et Jean-des-Figues ahuri, aussi ahuri que le bon Nivoulas accouru au bruit, reconnaissait, non sans émotion, dans la petite Grecque qui l'embrassait, vêtue seulement d'un bracelet d'or faux à la cheville, devinez qui? Roset, Roset elle-même, que, six mois avant, il avait laissée riant comme elle riait aujourd'hui, sur le pont de Canteperdrix!

XVIII

ROSET RACONTE SON HISTOIRE

Ah! Jean-des-Figues, ce n'est pas ma faute, soupira Roset une fois tout le monde assis et sa toilette réparée; ce n'est pas ma faute si vous me retrouvez ainsi et vêtue comme je le suis, moi que vous aviez connue vertueuse.

Et la pauvre enfant essuya du coin de sa chemisette une larme prête à couler.

Là-bas les garçons avaient peur de moi, et jamais personne ne m'avait embrassée... Pourquoi aussi, tournâtes-vous la tête, Jean-des-Figues, sur le pont, pour ne pas me voir, quand je vous criais de m'emmener en croupe? Tout ce qui arrive ne serait jamais arrivé.

Alors Roset nous raconta qu'une fois Blanquet disparu derrière le rocher, elle n'avait plus eu le courage de retourner à Maygremine. — Le moyen d'y rester, disait-elle avec des soupirs de blanche victime résignée; vous comprenez, depuis son histoire du balcon, mademoiselle m'avait prise en grippe!

Roset était donc partie pour me retrouver, à la garde de Dieu, sur la route de Marseille.

— Sur la route de Marseille, Roset? Et pourquoi choisir cette route?

— Parce que chez nous on va toujours à Marseille quand on part. Est-ce que je savais seulement la place de votre Paris?

Puis au bout de deux ou trois lieues, et ses souliers déjà presque usés, Roset avait rencontré une caravane de bohémiens qui descendaient en Provence, et se rappelant à propos qu'elle était bohémienne aussi, l'idée lui était venue de demander à ces braves gens place dans leur maison roulante.

Mais n'essayons pas de rendre vraisemblable le fantastique récit de Roset, rapportons le plutôt simplement tel qu'elle nous le fit; si peu vraisemblable que vous le trouviez, il aura, du moins, cet avantage de ne pas commencer par où commencent toutes les histoires de demoiselles : « Comme vous me voyez, monsieur, je suis fille d'un officier supérieur... »

— Les bohémiens, disait Roset, ne sont pas aussi diables qu'ils sont noirs; ceux-là m'accueillirent à merveille. Je n'eus qu'à me présenter : ils se serrent pour moi, et nous voilà partis. Entassés, comme nous étions, sous cette toile, avec le train que menait en roulant la vieille voiture détraquée, il n'y avait guère moyen de causer. Mais aux moindres côtes, on mettait pied à terre; alors, comme par enchantement, sortaient de tous les trous de la boîte trois femmes, un vieux à barbe blanche, un grand garçon de vingt ans, celui qui conduisait, brun comme une datte, et farouche ! puis sept ou huit marmots, garçons et filles, en chemise courte et pieds nus, que je n'avais pas aperçus d'abord au milieu des ustensiles et des paquets de linge.

Tout ce monde-là causait et fumait en marchant. On profita d'une montée plus longue que les autres pour me faire raconter ce que je sais de ma naissance, et comment une bohémienne se trouvait ainsi sur la grand'route, en souliers fins, avec une robe à fleurs. Car, si vous vous le rappelez, Jean-des-Figues, interrompit-elle d'un accent de doux reproche, j'avais mis ce jour-là ma belle robe et mes souliers neufs !

Dès les premiers mots de mon récit, le vieux patriarche tendit l'oreille, et quand j'eus dit que je ne me connaissais ni pays, ni père, que je me rappelais seulement avoir voyagé autrefois dans une petite voiture toute pareille qui nous menait, l'hiver du côté de la mer, l'été du côté des montagnes; quand j'eus ajouté qu'un jour à Canteperdrix, les gamins m'avaient jeté des pierres, parce que je m'en revenais de chez le boulanger, tranquille, ma chemise, mon seul vêtement, relevée, avec un pain de trois livres dedans; que ce jour-là, je ne sais pourquoi, j'avais trouvé la voiture partie, et qu'alors je m'étais assise, pleurant à chaudes larmes et mordant à même dans mon pain :

— Béni soit celui qui me rend ma fille! s'écria le patriarche, une main au ciel, et soutenant de l'autre sa vieille pipe qui tremblait. Puis il m'attira sur sa barbe blanche et m'embrassa. Moi je restais silencieuse.

— Fille, nous en voudras-tu de t'avoir ainsi abandonnée? Le temps pressait apparemment cette fois. Tandis que tu achetais du pain, ta mère, Dieu ait son âme, avait enlevé le cheval d'un gendarme. On partit un peu vite, et l'on t'oublia.

Il n'y avait pas à reculer. J'embrasse tout le monde, et me voilà de la famille. Croiriez-vous qu'ils se mirent à m'adorer tous là-dedans! Les marmots, cousins ou frères, car notre parentage était embrouillé, volaient pour moi des raisins et des pêches; Janan, c'est le nom du jeune homme noir, fit constater bien vite qu'il n'était que mon cousin; quant aux trois sorcières, elles me parurent dès le premier jour très-fières de l'honneur que j'allais faire à la tribu avec ma jeunesse et ma robe.

Moi je prenais goût à leur vie. C'est si amusant de courir le pays, suivant les foires et les fêtes, sans s'arrêter jamais, selon l'usage, plus de trois jours au même endroit. D'Italie en Espagne, on n'aurait pas trouvé nos pareils pour acheter à vil prix et revendre très-cher les bêtes aveugles ou borgnes. Janan surtout y excellait, et comme ce garçon m'avait prise en amitié, il voulut que je fusse son élève.

Nous nous en allions tous deux sur les prés et champs de foire; Janan montrait le cheval ou l'âne aux paysans, moi, je me tenais à la bride, et c'était, j'ose le dire, le poste le plus délicat; il s'agissait, vous comprenez, tandis que Janan vantait l'âge, la qualité, et maquignonnait notre marchandise, il s'agissait d'empêcher que personne n'en regardât les yeux de trop près. On essayait bien quelquefois, mais alors sans avoir l'air de rien, je secouais la bride, je faisais danser la bête, je criais, je tournais, je bourdonnais comme une mouche autour de la tête menacée, tant qu'à la fin le pauvre diable d'acquéreur assourdi, vidait ses beaux écus sur l'herbe, et emmenait triomphalement un cheval aveugle chez lui. Nous le rachetions le lendemain pour le revendre encore, pendant trois mois nous ne fîmes qu'acheter et vendre le même cheval.

Une fois pourtant le cheval ne se vendit pas. Janan m'avait donné des distractions, dit Roset en baissant les yeux... Et quand nous fûmes à souper, il me demanda en mariage pour le soir même.

— Pour le soir même, Roset?

— Cela vous étonne, Jean-des-Figues! C'est la coutume chez les bohémiens, mais je vous étonnerais bien davantage, si je vous disais que nous passâmes notre lune de miel, Janan et moi, sous le pont du Gard.

XIX

FIN DE L'HISTOIRE DE ROSET

— Vous vous épousâtes donc?

— Et pas sans peine, reprit-elle. Le beau Janan, tout noir qu'il me parût, était l'espoir de la famille; on avait flairé pour lui chez les Soubeyran un mariage de convenance, et notre amour imprévu venait déranger bien des projets.

Quoique bohémiens de père en fils, les Soubeyran sont riches; ils possèdent, dans leur village de Vinon, une belle maison en pierre froide; ils logent à l'auberge quand ils voyagent, et mènent parfois dans les foires des cordes de quinze à vingt chevaux. Mon père espérait d'eux une forte dot, et parlait déjà de nous vêtir tous de neuf, et de faire revenir la caravane.

Aussi, aux premiers mots que dit Janan de ses projets, ce fut un vacarme :

— Et la Soubeyrane, malheureux! Mais Janan déclara que je lui plaisais, moi, et que la Soubeyrane ne lui plaisait point avec ses cheveux roux et ses façons de demoiselle; que si l'autre avait des écus, nous saurions en gagner à nous deux ; qu'enfin on nous voyait décidés à tout, même à nous enlever, et à nous marier devant un prêtre.

Devant un prêtre ! en entendant ce blasphème, mon père s'arracha les poils de sa grande barbe, et les vieilles me crièrent leur malédiction en hébreu. Un sabbat d'enfer ! mais Janan tenait bon ; Janan se promenait de long en large, tranquille, et traînant à chaque jambe une grappe de marmots qui hurlaient de terreur. Enfin, la tempête s'apaisa, et le soir, Jean-des-Figues, je me trouvais mariée.

— Mais Marseille où vous me cherchiez ?...

— Oh ! je n'oubliais ni Marseille, ni vous. Je me demande pourtant si jamais j'y serais arrivée, sans une bienheureuse aventure qui vint me délivrer tout à la fois de ma nouvelle famille, des chevaux borgnes et de Janan. C'est à la Sainte-Baume que la chose se passa.

Nous étions allés là, notre lune de miel à peine écoulée, et je vous prie de croire qu'elle ne dura guère, car au bout de trois jours nous nous battions comme deux diables sous le pont ; nous étions allés là voir s'il n'y aurait pas quelque bon coup à faire pour la fête. Les occasions ne manquent pas ; il y vient tous les ans des pèlerins en grand nombre, et des bohémiens autant que de pèlerins. Chacun campe où il peut, autour de grands feux, sur l'herbe ; les chevaux, les mulets et les ânes mangent attachés un peu partout, aux arbres, aux rochers, aux brancards des charrettes; les gens écoutent des messes, suivent des processions, ripaillent et boivent, et cela dure ainsi plusieurs jours.

S'il meurt par hasard quelque bête dans l'intervalle, ce sont les bohémiens qui héritent de la peau. Précieuse aubaine! Aussi, de temps immémorial, avions-nous sur ce point l'habitude d'aider un peu à la nature : on se promène, la nuit, innocemment autour des feux, on jette quelques menues branches d'if dans le foin que mangent les bêtes, les bêtes meurent à l'aurore; mais on use de discrétion, car encore ne faudrait-il pas qu'il en mourût trop.

Cette année-là, paraît-il, quelqu'un de nous eut la main pesante, et les montures, un beau matin, se mirent à tomber comme des mouches. On se fâcha, les gendarmes vinrent, arrêtant tout dans la caravane; par bonheur, j'étais dans le bois à ce moment, je vis la bagarre de loin, et l'occasion me sembla bonne de reprendre le chemin de Marseille.

— Enfin!... soupira Jean-des-Figues.

— Nous partîmes donc, continua Roset.

— Comment cela, Roset, vous partîtes?

— Il faut vous dire, répondit l'enfant devenue toute rouge, que je n'étais pas seule dans les bois. Il y avait aussi Jourian Soubeyran, un ami de mon mari et le propre frère de celle qu'on avait voulu lui faire épouser. A Marseille, Jourian me perdit. Je me mis alors à vous chercher, Jean-des-Figues, et tout en vous cherchant je fis la rencontre de deux matelots qui voulurent m'embarquer avec eux, puis d'un Bédouin, puis d'un Chinois, car il y a là-bas toute sorte de monde, et puis encore d'un gros fabricant de sucre, estimé dans son quartier, et gros, et bon, qui commença par me promettre des bijoux et finit par me vendre, comme si Marseille était en Turquie ! à un vieux pirate grec retiré des affaires et qui ressemblait au Père éternel.

— Vous vendre..., le brigand !

— Oh ! je ne lui en veux pas, dit ingénument Roset, car avec le vieux Grec je me trouvai bien heureuse. C'est lui qui me donna mes chemisettes, ma robe d'or. Nous habitions une petite maison, près de la mer, au *Roucas blanc*, sur le chemin de la Corniche. En ce temps-là, Jean-des-Figues, j'allais en voiture tous les jours...

Par malheur, mon maître avait chez lui un petit Turc méchant comme une femme, qui lui allumait sa pipe et lui retirait ses pantoufles. Croiriez-vous que le petit Turc devint jaloux de moi ! J'ignore bien pourquoi, par exemple. Il déchirait mes robes, il me battait et faisait au capitaine des scènes d'enfer. La vie devint bientôt impossible ; enfin, le pauvre vieil homme, un beau soir, me glissa une bourse dans la main et me mit à la porte de chez lui, en pleurant sur sa belle barbe. Il me fit peine, je l'embrassai. Ce monstre de Turc riait au balcon.

J'entre au café en sortant de là, je lis dans un journal que vous êtes à Paris, Jean-des-Figues. Je pars avec le costume que j'ai et qui n'étonnait personne à Marseille. Tout le long de la route, le peuple pour me voir s'assemble aux gares. J'arrive à Paris, les gamins me suivent. Je me jette effrayée dans une voiture; comme nous sommes en plein carnaval, le cocher, sans rien lui dire, me conduit au bal tout droit, me prenant pour un masque; et j'y étais encore, il y a deux jours, en train de rire avec des étudiants, quand je rencontrai ce brave garçon de Nivoulas qui me promit de me rendre heureuse.

— O mon premier amour! soupirait Jean-des-Figues.

— Que d'aventures en plein XIXe siècle! s'écriait Nivoulas émerveillé.

XX

ET NIVOULAS...?

Il m'arriva une fois, quand j'étais petit, de rester trois saisons sans manger de pastèque. La pastèque? j'en avais oublié le goût, et je ne sais pourquoi, il me semblait que je ne l'aimais plus. Un jour, cependant, que mon père en ouvrait une, le cri du couteau sur l'écorce verte me tenta, je ne pus me retenir de tremper mes lèvres dans cette chair tremblante et rose comme un sorbet à la fraise, et quand j'en sentis la glace sucrée fondre sous ma langue et ruisseler le long de mes dents, alors, tout étonné de mon plaisir :
— Fallait-il être bête! m'écriai-je.

Pour Roset, il en fut de même; à cette différence près que Roset, comme je l'ai dit, aurait rappelé plutôt une belle pêche brune qu'une pastèque. J'avais oublié le goût qu'elle avait, positivement. Aussi, quand je sentis ses bras passés autour de mon cou et ses embrassades ingénues, le souvenir du baiser pris sous l'amandier me revint, et je me trouvai bête, mais bête plus que je ne saurais dire.

Heureusement, quatorze ou quinze mois de vie parisienne m'avaient donné sur l'amour auquel je ne croyais plus, et sur les femmes au charme de qui je croyais toujours, des idées commodes et larges. Je songeai au jour où Roset criait de si bon cœur : « O l'ensoleillé ! O Jean-des-Figues ! » en me jetant des pierres du haut de son mur, et pour éviter cette fois pareille avanie, j'eus soin de lui offrir le bras en partant. Nivoulas pâlit...

— Seriez-vous jaloux de Roset ? lui dis-je.

— Oh ! non, quelle bêtise !... répondit-il d'une voix étranglée et s'efforçant de sourire.

Brave Nivoulas ! N'ai-je pas plus tard fait comme lui, et pour la même mademoiselle Roset ? Oui, plus tard, bien des fois des amis m'ont demandé en la montrant : — Est-ce que par hasard tu serais jaloux d'elle, Jean-des-Figues ? Et je leur répondais : Quelle bêtise !... Mais à ce moment je n'osais pas me regarder dans les glaces, de peur d'y voir flotter sur mes lèvres le pâle et lamentable sourire de Nivoulas.

Roset eut comme moi pitié de ce sourire, nous nous comprîmes d'un regard. Elle retourna auprès de Nivoulas rendu à la joie ; moi je partis seul, un peu triste, et fier aussi du sacrifice que je venais d'accomplir. Hélas ! ma vertu comptait sans les malices de la destinée.

Certes, pour rien au monde je n'aurais voulu faire à Nivoulas cette douleur de lui ravir sa maîtresse.

Mais aussi, je vous le demande, quelle fatalité me conduisit au bal, je ne sais plus le bal que c'était, la nuit de la mi-carême, et par quel hasard singulier rencontrai-je d'abord, épingle d'or dans un tas de paille, le bonnet à grelots d'une mignonne Folie rouge, au milieu des toquets sans nombre, des chapeaux pointus, des casques, des perruques et des cornettes qui bariolaient ce soir-là de leurs couleurs et de leur vacarme les loges et les corridors.

La Folie rouge avait pris mon bras et me regardait sans rien dire. En voyant rire ses dents blanches sous la dentelle, et frémir ses beaux yeux aussi noirs que le velours du loup, je me sentis au cœur une émotion agréable, et de vagues soupçons me coururent dans le cerveau. — Qui diable ce peut-il être? pensai-je. Mais grâce à l'inconsciente duplicité des amoureux, j'arrêtai court mes inductions et préférai ne pas me répondre.

La Folie paraissait s'amuser beaucoup de mon embarras. Moi, je la promenais avec la comique gravité des gens qui promènent une Folie. Enfin elle se décide à parler :

— Si nous allions souper? dit-elle.

Oh ! pour le coup, j'eus envie de m'enfuir, car, si bien qu'on la déguisât, j'avais cru reconnaître cette voix. Mais la Folie avait une si jolie façon de rire et de regarder en dessous, son bras menu serrait si fort, et sa tête semant à chaque éclat de rire, sur son cou brun et sur sa collerette, la fine poudre d'or dont sa chevelure était poudrée, faisait frissonner si doucement l'épi de grelots à la cime du bonnet phrygien.

Bah! me dis-je, puisqu'elle est masquée... Suis-je obligé, après tout, de savoir qui habite dans ce pourpoint, de qui sont ces yeux noirs et comment ce joli pied se nomme! Au seul bruit des grelots d'argent mes projets de vertu s'étaient envolés.

Demi-heure plus tard, chez un restaurateur de nuit fort modeste (on n'était pas riche, que voulez-vous?), dans un de ces petits salons tendus de papier tabac d'Espagne, en prévision de la fumée des cigares, et sur un de ces sophas peints en rouge, afin, j'imagine, qu'ils ne rougissent de rien; tandis que la bisque traditionnelle embaumait, nous nous jurions, la Folie et moi, un amour à jamais, selon l'usage. La Folie gardait son loup, j'avais la conscience tranquille.

Mais, tout d'un coup, l'ardeur de nos serments fait tomber le bouquet de grelots; je veux le remettre à sa place, mes doigts rencontrent un nœud de ruban, le loup se détache... Miséricorde!

— Et Nivoulas? s'écriait en cachant dans ses mains sa malicieuse figure inondée de larmes, Roset, car c'était Roset, prise de subits remords.

XXI

L'HOTEL DE SAINT-ADAMASTOR

Nivoulas fut heureux trois semaines.

— Je ne sais pas, me disait-il, ce qui se passe dans l'âme de Roset depuis la mi-carême. Capricieuse et sauvage comme elle était, la voilà devenue tout à coup la plus douce, la plus caressante du monde. Un vrai petit faucon changé en tourterelle! Et Nivoulas radieux me serrait la main.

C'est à l'hôtel de Saint-Adamastor que Nivoulas logea nos communes amours, et franchement je n'aurais pas fait un choix plus à mon goût si j'avais choisi moi-même.

La réputation de l'hôtel datait de loin, il était célèbre déjà du temps de Louis le Bien-Aimé pour l'obligeante hospitalité qu'y offrait alors à la belle jeunesse des deux sexes, madame Aurore de Saint-Adamastor, veuve d'un colonel des armées du roi, tué au siége de Berg-op-Zoom; et dans le grand salon jaune qu'on montrait encore, Jeanne Vaubernier, en compagnie des jeunes débauchés du temps, avait taillé le pharaon de la main gauche, de cette main gauche adorable qui, plus tard, devait si galamment porter son sceptre royal de folle avoine.

La révolution passa sur l'hôtel sans trop en changer le caractère. La fille, puis la petite-fille de madame Aurore reprirent, il est vrai, le nom bourgeois de mademoiselle Ouff, qui d'ailleurs convenait on ne peut mieux à leur taille en boule et à leur asthme héréditaire; le nom d'*Hostel de Saint-Adamastor*, aristocratiquement inscrit autrefois, autour d'un écusson, sur une étroite plaque d'ardoise, s'étala désormais en lettres d'or d'un pied, le long d'une interminable enseigne; les boudoirs, les salons et les cabinets de jeu se transformèrent insensiblement en chambres garnies et en salons de table d'hôte; mais ils gardèrent leurs boiseries gris-perle et blanc, leurs trumeaux de Watteau, leurs plafonds à moulures; et maintenant, comme au temps jadis, les mignonnes émules de Manon et de Jeanne Vaubernier remplissaient le vieil hôtel de disputes et d'éclats de rire, se faisant tout le jour des visites de voisine, traînant leurs pantoufles par les corridors et passant le temps à s'essayer des bijoux faux devant les glaces.

Ce bizarre séjour me séduisit avec son vague parfum d'ambre, qui semblait une odeur restée d'autrefois dans les rideaux, et son petit jardin plein de buis taillés et de merles, qui me rappelait, malgré l'hiver, les charmilles de madame de Pompadour et le paravent de M. Antoine. Seulement, madame de Pompadour ce n'était plus mademoiselle Reine essuyant ses beaux yeux au clair de lune; madame de Pompadour s'appelait Roset, portait des bas à jour et fumait des cigarettes. Jean-des-Figues, vous le voyez, avait fait des progrès sensibles dans sa façon de comprendre le xviiie siècle et l'amour !

Nivoulas ne soupçonnait rien. Il oubliait son roman et s'énervait dans cette Capoue. Cependant quelques nuages, la chose me chagrina pour lui, apparaissaient dans notre ciel trop bleu : Roset s'ennuyait.

En arrivant, Roset s'était trouvée très-heureuse. Les amusements du cénacle, un peu de champagne à la table d'hôte, Robinson, les spectacles, quelques bals d'étudiants et d'artistes, l'*entrée au café* surtout, cette fameuse entrée qui préoccupe chaque fois les ingénues de la vie galante autant qu'une actrice son rôle nouveau, tout cela, et moi un peu aussi, j'imagine, parut d'abord à la pauvre enfant le comble du bonheur et de la grande vie.

Mais l'esprit n'est pas long à venir aux filles, surtout quand on les loge à l'hôtel Adamastor, et les voisines de Roset, quoique jeunes, n'avaient plus, tant s'en faut, sa charmante naïveté.

Encore assez près des années de candeur pour aimer un peu les honnêtes garçons, peintres ou premiers clercs qui habitaient l'hôtel avec elles, mais travaillées déjà d'ambitions secrètes, corrompues par les sottes lectures, rêvant d'être à leur tour une de ces grandes courtisanes perverses qu'elles avaient vu de loin passer au bois ou aux courses et dont le roman et le théâtre leur présentaient sans cesse l'idéal, elles affectaient l'air positif et froid des filles à la mode, adoraient le fiacre par envie du huit ressorts, parlaient couramment louis, obligations et parures, quoiqu'elles n'en eussent aperçu jamais qu'à la vitrine des joailliers et derrière les grilles des changeurs, et prenaient des airs à la Marco pour se draper, avec le plus beau sang-froid du monde, dans un châle quadrillé de quatorze francs.

Ces demoiselles eurent bientôt fait d'entreprendre l'éducation de Roset; Mario surtout, une Parisienne petite et pâle, éclose, par je ne sais quel miracle, comme une violette blanche sans parfum, entre deux pavés du faubourg. Roset ne pouvait plus se passer de Mario, mademoiselle Mario me jetait des regards qui me faisaient songer au petit Turc et à ses bizarres jalousies, je sentais venir un malheur.

— Que ferais-tu, Jean-des-Figues, si je te quittais? me demanda Roset un beau jour.

Jean-des-Figues répond par je ne sais quelle impertinence cavalière, bien loin, certes, de sa pensée; mais son rôle de sceptique le voulait ainsi.

— Oh! j'en étais sûre que tu ne me pleurerais seulement pas, fait Roset moitié avec dépit et moitié avec joie, puis d'un ton de voix attristé :

— C'est ce pauvre Nivoulas qui serait malheureux !

Le soir, Roset vint me trouver au café, en grande toilette. Elle ne voulut pas s'arrêter, Mario l'attendait dans une voiture. Elle avait l'air ému, indécis; elle me prit la main, balbutia quelques mots; puis, en fin de compte, m'embrassa; et, comme ma mine étonnée semblait lui demander raison de ce public élan de tendresse :

— Va consoler Nivoulas, imbécile ! me dit-elle à l'oreille en s'enfuyant.

XXII

LE CORSET ROSE

C'est un singulier phénomène, ce double aspect que prennent les choses selon qu'en les voyant on est heureux ou malheureux. Pour moi, depuis cette nuit, il y a deux hôtels de Saint-Adamastor au monde : l'un rose et blanc comme ses dessus de porte fanés, avec Nivoulas radieux et le large escalier à rampe ouvragée, échelle de Jacob que montent et descendent tout le long du jour des théories d'anges déchus en long peignoir; et l'autre où Roset n'est plus, un hôtel de Saint-Adamastor douteux et sombre, gardé par mademoiselle Ouff qui grommelle, quand je lui demande Roset, je ne sais quoi dans une quinte; un hôtel où je me retrouve seul par ma faute, sans savoir s'il faut pleurer ou rire, et n'ayant personne, non, personne et pas même moi, à qui confier ma douleur.

— Va consoler Nivoulas, imbécile !... et je venais le consoler quand j'aurais eu tant besoin d'être consolé moi-même.

Nivoulas attendait sur le palier. Depuis une heure

il savait la nouvelle, et il n'entrait pas, essayant toujours d'espérer. Sa faiblesse me fit sourire. Cependant, chose singulière, la clef tremblait dans ma main en cherchant la serrure :

— Mais vois donc, Nivoulas, disais-je, vois donc ce que c'est que d'être nerveux!

Quel spectacle quand nous eûmes ouvert! Le lit défait, la chambre vide, et çà et là, par terre, sur les chaises, un éventail, des gants déchirés, une robe, que Roset avait laissés en s'envolant, comme un oiseau ses plumes aux barreaux de la volière. Du coup qu'il en reçut, Nivoulas alla s'asseoir dans un coin. Nivoulas s'asseyait toujours quand il était triste, c'était sa façon de pleurer.

— Dressons-nous, Nivoulas, et soyons homme!... Mais Nivoulas ne bougeait pas.

— Regarde-moi, Nivoulas, est-ce que je m'assieds, est-ce que je pleure? Dieu sait pourtant si Jean-des-Figues!... Poussé par cette manie de confidences qui possède les amoureux, j'allais tout dévoiler sans y prendre garde. Déjà Nivoulas, inquiet, relevait la tête à mes paroles et commençait à développer sa longue taille; mais je m'arrêtai à temps, je changeai mon discours, et racontant à Nivoulas ma belle passion de Canteperdrix, lui étalant avec ingénuité mes cicatrices imaginaires :

— Guéris-toi, Nivoulas, guéris-toi de Roset, comme je me suis guéri de Reine; mais fais mieux que

Brutus, et n'attends pas une blessure mortelle pour reconnaître que l'amour n'est qu'un nom comme la vertu!

Je disais cela avec des gestes magnifiques, et je me cambrais plus fier que jamais dans le scepticisme en papier d'argent dont je m'étais fait une cuirasse.

Par malheur, au beau de mon discours, n'aperçois-je pas un corset de Rôset sur le coin du lit?

Oh! le charmant écrin à renfermer la plus adorable des poitrines! Figurez-vous un mignon corset de satin rose taillé en cœur derrière et devant, haut de deux doigts sur les côtés comme une ceinture; un galant corset, corset adolescent, corset de luxe et de parade, un de ces corsets qui font rire et qui n'ont d'autre utilité au monde que de rappeler tout de suite qu'on pourrait très-bien se passer d'eux!

Pour une goutte de plus le vase déborde, et Jean-des-Figues, à ce moment, était un vase plein de larmes. Que voulez-vous, c'est bête à dire; mais en reconnaissant près du sein gauche, dans la soie, une imperceptible éraillure, cela me produisit un drôle d'effet; il me revint une foule de choses : que cette éraillure était de la veille; que Roset riait beaucoup, que la soie rose avait un peu craqué... alors toute ma douleur éclata.

— Regarde, Nivoulas, regarde ce corset! m'écriai-je; et disant cela je le serrais, je le pétrissais dans mes mains avec autant de rage que d'amour. Regarde ce corset ! et dis-moi s'il n'y aurait pas folie à vouloir trouver fidèle la demoiselle qui habitait dedans.

Nos bons aïeux n'y mettaient pas tant de malice. Crois-tu qu'ils riraient, Nivoulas, s'ils voyaient nos larmes, ceux qui venaient ici, il y a cent ans, faire sauter les belles filles ! Mais nous vivons, nous autres, dans un siècle de prud'homie, et malgré nos affectations de scepticisme, nous prenons tout au sérieux, tout, hélas ! et même Roset. Fils de Werther et arrière-neveux de Faublas, pétris à dose égale de corruption et de passion naïve, nous nous rendons amoureux du premier joli petit nez qui passe, surtout s'il est frotté de poudre de riz ! Du pur Faublas, tu vois... Puis, ce joli nez une fois trouvé, nous le voudrions vertueux, fidèle, des choses inouïes ! C'est Werther cela, un Werther farouche et ridicule qui souffre, qui déclame, qui appelle griffes les ongles roses des Parisiennes et s'imagine que le sang des cœurs rougit leurs lèvres quand elles sont simplement frottées d'un soupçon de carmin.

Donc, Nivoulas, si tu es Werther, cherche-toi une blonde en corset lacé qui sache tailler les tartines ; mais c'est trop comique à la fin ; oui, je te le dis, c'est trop comique de rêver le cœur de Lolotte sous le corset en satin rose de mademoiselle Roset.

Là-dessus je fondis en larmes. Nivoulas, qui ne s'était jamais vu consoler de la façon, commençait à me croire fou et témoignait quelque inquiétude. Il ne voulut pas me quitter de la nuit. — Tu es trop agité pour rester seul, me disait-il, couche-toi dans le lit, moi je dormirai sur le sopha... Je me mis au lit, discourant toujours. J'étais très-éloquent, Nivoulas m'écoutait d'un air fort attentif en apparence, mais il profitait de mes moments de calme pour me préparer de l'eau sucrée et me verser dans mon verre troublé par la poudre flottante du sucre quelques gouttes de bon cognac réconfortant. Ce manége dura toute la nuit. Au petit jour, grâce à mon éloquence, Nivoulas était complétement consolé.

Mais voyez-vous ce brave Jean-des-Figues au milieu du lit, le dos dans les coussins, son bonnet de coton droit sur une forêt de cheveux noirs, Jean-des-Figues inspiré, gesticulant, byronisant, ironisant, répandant à pleines mains sur Nivoulas épouvanté des préceptes d'amour à faire reculer Don Juan en personne, tandis que de grosses larmes furtives descendent le long de ses joues et vont bien vite se cacher dans les poils follets de sa barbe, et qu'il presse sur son cœur, sur ses lèvres — ne lui demandez pas pourquoi — le corset tiède encore et suavement embaumé de cette Roset qu'il n'aime pas, oh! qu'il n'a jamais aimée, je vous jure!

XXIII

AMÈRE DÉRISION

Pour m'étourdir et me cacher à moi-même l'évidence d'une passion qui m'humiliait, je repris de plus belle le cours de mes déportements. En avant les Syriennes, les Nubiennes, les Malabraises ! en avant ! en avant la danse à travers le féerique Alhambra où Jean-des-Figues, assis, corrige ses épreuves ! Seulement, prenez garde, mesdemoiselles, quand votre ronde passera sous la fenêtre en tabatière, car les plafonds sont bas aux palais de la rue Monsieur-le-Prince, et vous pourriez vous cogner le front.

Mais mon pauvre petit volume ne suffisait déjà plus à contenir le flot grossissant de mes désirs. On n'avait pas achevé de l'imprimer que je m'attelais à une autre œuvre, en prose enragée cette fois ! C'était ma propre histoire, idéalisée décemment. Jean-des-Figues y faisait le personnage d'un jeune homme riche comme Crésus, beau comme la nuit, qui, désabusé de l'amour et vieux avant l'âge, s'entourait, à Paris, des inventions les plus raffinées du luxe, des arts et du plaisir, et finissait par s'éteindre, sans regrets, ainsi qu'un dieu mortel, dans la Caprée en miniature qu'il s'était fait bâtir aux Batignolles.

Le fond psychologique de mon *Étude* laissait peut-être quelque chose à désirer, mais que le cadre en était beau ! Donnant, cette fois, libre carrière à ma fantaisie, j'avais prodigué, du haut en bas, l'or, les diamants et les étoffes à pleines mains, ce qui d'ailleurs ne me coûtait rien. Des fleurs partout, des eaux, des tableaux, des marbres ! Et le pavillon où mon héros logeait ses favorites, comme il s'y trouvait décrit amoureusement jusqu'en ses plus intimes recoins, avec l'insistance minutieuse et douloureuse d'un moine maigre s'échauffant le cerveau entre les murs de sa cellule à faire tenir le paradis sur un petit carré de vélin !

Cette comparaison est même très-juste, car ma pension se trouvant dévorée en herbe et pour longtemps par mes libéralités à Roset et les frais d'impression du volume, je déjeunais de deux sous de lait et d'un petit pain, le jour où Paris vit s'épanouir somptueusement à la vitrine des libraires MES ORGIES, LIVRE DE VERS, par *Jean-des-Figues*, avec son beau titre rouge et noir, sa préface abracadabrante, et l'eau forte d'en tête, composition imprégnée d'un mystérieux symbolisme qui représentait l'auteur, tout nu, au milieu de panthères et de lionnes ornées de lourds joyaux et portant des colliers de femme autour des reins.

J'en adressai le premier exemplaire à Canteperdrix avec une insidieuse dédicace accompagnée d'un appel de fonds, et j'attendis la réponse assez piteusement, malgré les articles, les lectures et le bruit que faisait mon livre autour du café que nous fréquentions. On a beau l'orner de rubans aux couleurs joyeuses, comme nous disait Bargiban, la queue du diable, c'est toujours la queue du diable quand on la tire !

Enfin, une lettre arriva :

« Canteperdrix, quatorze d'avril 1865.

» Mon cher garçon,

» J'ai lu ton livre et ne t'en fais pas compliment. Depuis avant-hier que Roman, le facteur, nous l'apporta, c'est comme si l'enfer était entré rue des Couffes ; ta mère pleure, tes tantes pleurent, tout le monde pleure, et sœur Nanon, qui ne parle plus d'héritage, se signe toujours en parlant de toi.

» Qu'est-ce que c'est qu'une vie pareille, Jean-des-Figues ? Qu'est-ce que c'est que toutes ces femmes dont il s'agit dans tes chansons ? Et cette belle image où tu t'es fait peindre sans chemise ! T'imagines-tu que je vais te tenir longtemps là-haut pour mener ce train-là, tandis que je suis ici à me cuire au soleil et à travailler comme un satyre ?

» Et tu as le front encore de me demander de l'argent! D'abord, je te dirai que nous sommes présentement plus désargentés que le ciboire des pénitents gris; l'orage a fait périr la bonne moitié de nos vers à soie et le reste ne promet guère; les oliviers tombent fleur avant l'heure; la vigne a toujours la maladie, sans compter que j'ai dépensé trois cents francs au moins cet hiver à la Cigalière pour relever le bastidon, chercher la source qui s'était perdue et faire couler l'eau.

» Ah! si tu la voyais maintenant notre Cigalière, toute passée au lait de chaux et luisant de loin dans les figuiers, avec ses murs blancs et ses tuiles neuves! Si tu voyais la vieille treille remontée sur ses huit piliers, la source, les fleurs, le jardinage, le réservoir sous la fenêtre bien récuré et plein jusqu'au bord, tellement qu'on peut, en déjeunant, toucher l'eau claire de la main; si tu voyais ce vrai paradis, tu laisserais là, Jean-des-Figues, ton Paris de la malédiction et cette vie de grand seigneur pour laquelle je ne t'ai pas fait, puis t'en revenant à Canteperdrix où il y a du pain et du soleil pour tout le monde, on ne t'empêcherait pas, puisque tu n'es bon qu'à cela, de faire des chansons honnêtement.

» Mais quant à t'envoyer un liard rouillé en sus de ton mois, il n'y faut pas compter, Jean-des-Figues, même si j'avais des écus plein mon grenier. Je ne veux pas me laisser manger vif, et c'est bien assez de ce que je te donne pour l'honneur que tu fais à la famille.

» J'ai l'honneur d'être, en attendant, ton père qui t'aime. »

Et la signature.

A tout autre moment, la lettre m'aurait ému, m'apportant ainsi en pleine mélancolie parisienne un parfum lointain du pays ; mais cette fois je n'en remarquai que l'ironie involontaire. N'était-ce pas bien le cas de venir, comme mon père le faisait, me reprocher mes folles amours et mes débauches, alors précisément que sans argent et sans maîtresse il m'arrivait quelquefois de me consoler du dîner absent en contemplant le bel effet de mon nom sur la couverture d'un livre ?

Quoi ! Jean-des-Figues, m'écriai-je, tu es artiste, c'est-à-dire né pour sentir le plaisir plus finement que le commun des hommes ! Quoi ! tu passes tes jours à chercher le beau sur la terre, après t'être convaincu que le bien ne s'y rencontre nulle part, et que le vrai, si on le trouvait, ferait désormais de la vie, divisée par règles et par chapitres, quelque chose d'aussi joyeusement imprévu qu'un bréviaire ou qu'une grammaire grecque ! Quoi ! tu rêvères la femme comme la plus suave des fleurs et l'éclosion suprême de la matière ; tu voudrais, afin de mieux t'en réjouir, la voir entourée de toutes les merveilles du luxe, ainsi qu'un camélia délicat dans la laque et l'or d'une jardinière de salon ; et pour toi précisément la porte du salon est fermée ! De quoi sert donc la poésie si ce n'est à rendre plus douloureuse ta misère, en t'apprenant à désirer ce que tu ne saurais tenir !

Ces réflexions et d'autres semblables me conduisirent promptement à une sorte de misanthropie. Pendant plusieurs mois, j'évitai soigneusement tout ce qui pouvait me rappeler des idées de richesse ou de plaisir. Le théâtre m'irritait ; la musique surtout, avec ses chants, ses douces langueurs et ses accès de joie bruyante, m'était devenue particulièrement insupportable. Je vivais enfermé chez moi, raturant furieusement les dernières pages de mon étude, et tenté bien souvent de jeter au feu ce que j'en avais déjà écrit, tant le métier me paraissait métier de dupe.

Cependant, ce n'était rien encore que cela, et le destin, avec Roset, me réservait une bien autre humiliation.

XXIV

LE SONGE D'OR

Est-il rien de plus agréable que de faire son tour de boulevard après un bon dîner, le cigare aux dents et la lèvre parfumée encore d'un nuage de fin moka ou d'une goutte de vieux cognac roux comme l'ambre? de sentir sous le sein gauche la douce et pénétrante chaleur que communique au cœur un gousset bien garni? et, fermant les yeux à demi pour concilier les béatitudes de la digestion avec les nécessités de la promenade, de tout confondre en un même désir voluptueux, l'Idéal, le Réel, l'ombre de la demoiselle qui passe et les mille visions charmantes qui vous dansent dans le cerveau?

Je me trouvais un soir dans ces dispositions. Mon étude publiée sans nom d'auteur — on fit courir le bruit que c'était l'œuvre d'une grande dame fort lancée — ayant obtenu quelque succès, le libraire venait de m'en acheter une seconde édition le jour même. Le cerveau rafraîchi sous cette averse d'or, ma rage misanthropique un peu calmée, je m'étais offert un dîner somptueux, et je méditais au meilleur moyen de passer la nuit rose. Irai-je d'abord au théâtre ou au bal? L'idée de ces joies désirées me causait par avance une vive émotion.

On trouvera invraisemblable qu'après avoir vécu plus d'un an à Paris, en plein monde littéraire, moi Jean-des-Figues, le sceptique et le désillusionné, j'en fusse encore à considérer une soirée au Château-des-Fleurs ou à Mabille, et le banal souper qui s'ensuit, comme le nec-plus-ultra des jouissances parisiennes. A cela je n'ai qu'une chose à répondre : j'étais ainsi !

D'ailleurs, parmi ceux-là qui vont rire de ma candeur provinciale, combien de débauchés par à peu près et de roués aussi candides que moi? Coudoyer le plaisir sans jamais le prendre sous le bras, voilà le sort d'un tas de braves gens de ma connaissance. Toujours occupés du Paris élégant, ils en savent les héros, ils en saluent de loin les héroïnes, et finissent généralement par croire qu'ils ont beaucoup connu toutes sortes de choses dont ils ont seulement beaucoup parlé. Aussi je les comparerais volontiers, n'était l'humilité de l'image, à ces garçons des cabarets à la mode qui s'imaginent être de grands viveurs parce que quelquefois, en servant les petits salons, il leur sera arrivé de mettre l'œil à la serrure.

Jean-des-Figues n'avait point ce travers. Il était donc fort ému quand, le cœur plein de poétique concupiscence, il entra, pour se réjouir préalablement l'esprit et les yeux, dans un petit théâtre où se jouait la féerie-revue des Grains-de-Poivre.

Tous les grains-de-poivre étaient en scène, maillots collants et chignons fous. Tiens-toi bien, Jean-des-Figues, on dirait que le plus mignon, celui de gauche, te fait signe. Tire ton col, relève tes cheveux. Palsambleu ! Roset au bout de ma lorgnette...

Le dernier tableau de la féerie finissant, je me posai en amoureux à la porte des artistes, et Roset aussitôt m'arrivait encapuchonnée, sans avoir pris le temps d'agrafer son burnous.

Ce n'était plus la Roset d'il y a trois mois, presque maigre et gardant encore sur la joue les chaudes couleurs du soleil, mais une Roset affinée, parisianisée, un peu grasse, sentant bon la poudre de riz, et qui se laissait deviner fraîche sous son rouge, comme les marquises poudrées paraissaient jeunes, malgré leurs tours de faux cheveux blancs ; une Roset parfumée et peinte, toute en cheveux, toute en dentelle, et plus appétissante que jamais. Je la retrouvais, ma belle pêche brune ! mais mise en confiture cette fois avec force épices et tranches de cédrat, confiture ambrée, musquée et sucrée, qu'il ne faut goûter que dans une cuiller de vermeil et sur la plus fine porcelaine.

Je m'aperçus avec quelque satisfaction que, ce soir-là, je n'avais pas à craindre pour elle l'injure de la faïence ou du ruolz, quand je vis une voiture nous attendant, avec un poney qui piaffait, sa rose à l'oreille, et un petit coquin de laquais or et bleu comme un martin-pêcheur.

— Mon breack! dit Roset fièrement.

Encore nouvelle dans son luxe, la brave enfant venait au théâtre en équipage de chasse. Puis elle prit le fouet et les guides. Un havanais, au même instant, pas plus gros que le poing, s'élança du fouillis des jupons et des fourrures, et ses pattes de devant appuyées sur le tablier de la voiture, ne cessa pas, tant que les roues tournèrent, d'aboyer furieusement aux grelots tintants du poney.

Roset me racontait, en jouant aux propos interrompus, je ne sais quelle histoire de directeur de théâtre et de Valaque. Elle riait, me prenait la main, heureuse de me retrouver sans doute, mais heureuse surtout que je fusse témoin de sa splendeur. Moi, j'avais entièrement perdu la tête.

Où soupâmes-nous, et quel chemin nous ramena-t-il sous le vestibule d'un petit hôtel Renaissance? Voilà ce que je ne saurais dire. Le souvenir de cette soirée m'est resté très-vague, et même je ne jurerais pas que le vin, la vanité et la joie ne m'eussent grisé un peu.

Tout ce qu'il y a, c'est que je crus être ivre décidément, et voir trouble, et voir double, quand j'eus remarqué l'architecture de l'escalier et le costume du négrillon qui venait nous attendre au bas, un candélabre à la main.

— Rien que ça de luxe! disait Roset.

Sans doute son luxe m'étonnait, mais ce qui m'étonnait plus que tout, c'était une sensation bizarre qui, depuis quelques instants, s'emparait de moi et que j'essayais en vain de secouer.

J'étais bien sûr de ne m'être jamais trouvé en bonne fortune pareille, bien sûr de n'avoir jamais mis le pied dans le petit hôtel de Roset. Et pourtant rien ne m'y paraissait nouveau : les fleurs des tapis, les moulures du plafond, les arabesques des murailles, je les reconnaissais comme si je les eusse vus déjà quelque part. Et chaque fois que le petit nègre, nous précédant, soulevait une nouvelle portière, je devinais ce qu'elle allait laisser voir.

— De deux choses l'une, me disais-je : ou bien il faut croire, comme Platon, aux existences antérieures, ou bien tu es ivre, Jean-des-Figues. Et trouvant la seconde hypothèse plus probable, je m'étudiais à marcher droit.

Enfin, de portière en portière et d'étonnement en étonnement, nous arrivons dans un boudoir où Roset, un moment disparue, me revint bientôt dans le plus galant déshabillé du monde.

Pour le coup, je renonçai à comprendre. Où diable avais-je vu Roset vêtue ainsi avec si peu de pudeur et tant de dentelles? Ce n'était, certainement, ni chez madame Ouff, ni à Maygremine! Et ce lit, ce nid d'amour, très-haut sous des rideaux très-bas, et cette clarté sommeillant au plafond, et ces babouches oubliées?

Evidemment je vivais en plein rêve. Mais, comme le rêve était doux, comme il réalisait tous mes désirs à la fois et qu'il s'embellissait chemin faisant de circonstances fort agréables, je me résignai à rêver ainsi toute la nuit, priant l'aurore et le soleil de me réveiller le plus tard possible.

XXV

UNE IDYLLE

Les songes heureux s'en vont d'ordinaire aux premiers rayons, comme la rosée. Cette fois, chose singulière, quand le matin vint me réveiller, je m'aperçus que mon rêve ne s'envolait point. Un vrai soleil entrait par les rideaux et se jouait sur une foule de réalités charmantes dont la moins charmante n'était pas Roset qui s'étirait les bras en riant.

— Quels grands yeux tu fais, Jean-des-Figues?

— Pour mieux t'admirer, mon enfant!

— Oh! non, Jean-des-Figues, ne mens pas, c'est mon appartement que tu admires. On n'en voit guère de pareil : pas commode, mais original. Mon imbécile de Valaque a pris cela tout fait dans un livre... Et de sa petite main brune elle me montra un livre à riche reliure qui se promenait dans les coussins.

Horreur! ce livre c'était mon livre, et l'hôtel de Roset, je m'en apercevais enfin, la description réalisée du palais idéal bâti pour mon héros. Ô profonde

et comique humiliation des poëtes et de la poésie !
Cet hôtel où je m'éveillais, ma fantaisie l'avait créé
tout entier depuis la première marche de son escalier
de marbre jusqu'à la plus haute ciselure de son toit
doré ; le galant encadrement des glaces, les plis
amoureux des tentures, j'avais tout trouvé, tout imaginé ; cet oreiller mignon, c'est moi qui en avais
choisi la dentelle, et ce peignoir de soie blanche où
Roset s'enveloppait si bien, c'est moi encore qui en
avais compté les broderies à jour, les nœuds de rubans et les échancrures. Or, pendant que je soupirais
ainsi après un paradis chimérique, le Valaque prenait mon rêve tout fait, tranquillement, et pour
rendre la dérision plus amère, dans cet écrin qu'il
me volait, qui installait-il ? Roset, ma petite perle
noire !

— Ah ! nom de sort ! m'écriai-je en faisant voler le
malheureux livre par la fenêtre.

Roset, qui ne comprenait rien à cette subite fureur,
s'imagina que j'étais jaloux, et fut ravie :

— Ne pense plus au Valaque, me dit-elle ; c'est
moi qui ai eu tort de t'en parler. Mais si tu veux, je
vais demander huit jours de congé à mon théâtre, et
nous les passerons tous deux à la campagne.

Ce projet ne me déplut point. Un bois, quand il
s'agit d'encadrer une jolie fille, vaut les plus riches
hôtels du monde ; et là, je n'avais pas à craindre que
l'ombre du Valaque m'importunât. Vite en chemin de

fer ! Nous sautons du wagon aux premiers arbres, et nous voilà partis à la découverte d'un bois.

— En voici un qui sera complet avec deux amoureux, s'écriait Roset de temps en temps, il est déjà plein de fleurs et de tourterelles ! Mais, au bout d'une heure, on y découvrait des peintres, il fallait s'en aller plus loin.

Nous passâmes ainsi les huit plus beaux jours dont je me souvienne, mais presque sans m'en douter, car notre pauvre nature humaine est ainsi faite, que si le regret n'existait pas, le bonheur n'aurait de nom dans aucun dictionnaire. Loin des autres, tout à Roset, je me laissais aller à être amoureux naïvement. Je ne m'occupais pas de savoir, comme à Canteperdrix, si mon amour ressemblait bien à celui de pauvre Mitre. Grisé par l'odeur qu'ont les bois au printemps, je ne m'inquiétais guère non plus des railleries qu'un pareil retour de passion n'aurait pas manqué de provoquer parmi mes amis du cénacle, et je crois, Dieu me pardonne, que Roset me demandant comme autrefois : — Et si je te quittais, Jean-des-Figues ?... Jean-des-Figues aurait répondu : — Si tu me quittais, Roset, j'en serais malheureux autant que Nivoulas !

Mais Roset ne me le demanda pas, Roset avait bien autre chose à faire. La grande nature la transportait ; aux moindres ondulations du terrain : — Tiens, ça monte !... Tiens, ça descend !... Et c'étaient des éclats de rire. Elle avait voulu, pour mieux courir, quitter ses bottines à haut talon et ses jupons à créneaux. J'eus le bon goût de l'en dissuader. Laissons dire les faux rustiques. La nature est bien assez luxueuse pour que tout luxe soit en harmonie avec elle. Une marche de marbre rose fait à merveille envahie par la mousse et cachée à demi sous les rosiers d'un parc devenus buissons, et la robe de Diane de Poitiers, ourlée d'or et de perles fines, ne devait pas vraiment avoir mauvaise grâce à traîner sur le gazon des pelouses dans les forêts royales de Chambord ou de Chenonceaux.

Mais c'est Roset qu'il fallait voir étendue paresseusement sous son ombrelle au milieu des herbes du bon Dieu, avec sa robe de soie voyante, ses pompons, ses rubans flottants et ses dentelles, et ses gants étroit boutonnés, et ses délicates chairs parisiennes d'où s'exhalait un fin parfum de boudoir qui devait bien étonner les fleurs.

Roset n'aurait plus quitté les bois dont les belles futaies humides l'étonnaient en la ravissant autant qu'une forêt vierge et ses lianes. Roset ne connaissait, comme moi, que les belles aridités du midi provençal, ses côtes plantées d'oliviers couleur d'argent et d'amandiers au feuillage pâle, ses rochers couverts de lavande et ses ravines brûlées du soleil, sans un brin d'herbe, où coule sur la marne bleue un mince filet d'eau claire.

Ici, au contraire, la verdure et l'eau, les fleurs humides, les mousses mouillées où le pied s'enfonce, et partout, même aux endroits élevés du bois, où n'apparaissent ni étang ni fontaine, un bruit d'eaux cachées qui vous environne, comme si de petites sources couraient de tous côtés sous vos pieds en nombre infini, et montant par d'invisibles canaux dans l'intérieur des hautes herbes et jusqu'à la cime des grands arbres, venaient se résoudre en vapeur sur la surface veloutée des feuilles et affluer plus abondantes aux lèvres toujours fraîches des fleurs.

— C'est plus beau, disait Roset dans son enthousiasme, oui, c'est encore plus beau que le travers des Sorgues à Maygremine!

La pluie elle-même ne nous arrêtait pas, et je me rappelle que nous fîmes notre dernière promenade par une de ces pluies-mêlées de soleil dans un joli ciel gris couleur de perle, qui conviennent aux mignons paysages des environs de Paris autant qu'un soleil bleu à une olivette, et qui les embellissent même comme certaines beautés de femme à qui va bien le demi-deuil.

Quelle fraîcheur il faisait! on eût dit que toutes les petites sources invisibles avaient fait irruption cette fois, entr'ouvrant les rudes écailles de l'écorce ou brisant la fine enveloppe des feuilles et des fleurs. Sous chaque arbre, sous chaque brin d'herbe sourdait un filet d'eau, et c'était, le long des étroits sentiers creusés dans le sable jaune, un murmure sans fin de ruisselets d'une heure et de cascades improvisées.

Un ébénier en fleur, planté dans un coin sauvage par le caprice de quelque forestier, avait l'air d'un vrai lustre d'église avec ses longues grappes toutes chargées de clairs diamants. Sur les pentes la mousse brillait, largement imprégnée d'eau, et les branches basses des châtaigniers étaient souillées de terre humide. Plus de jacinthes bleues, plus de jacinthes blanches, il ne restait que leur frêle tige aux feuilles lustrées. Les fleurs du muguet, soie délicate fripée et fondue par l'averse, faisaient peine à voir comme des fillettes en robe claire que la pluie aurait surprises au sortir du bal; les oiseaux prisonniers pépiaient dans les arbres, les feuilles s'égouttaient à petit bruit sous le couvert, et à certaine place où Roset une heure auparavant m'avait fait remarquer, non sans baisser les yeux d'une façon fort comique, un peu d'herbe foulée de la veille et un ruban perdu, nous retrouvions, tranquille entre les arbres, une petite flaque d'eau, marais microscopique où se mirait l'envers des feuilles et d'où sortaient frissonnant à la brise comme des touffes de joncs les pointes du gazon noyé.

Nous rîmes un moment comme des fous à ce spectacle. Mais notre gaieté ne dura guère... Les huit jours étaient écoulés; le Panthéon, bleu de vapeur et paréil à une montagne, se dressait au loin par-dessus les arbres; cela nous fit songer qu'il fallait regagner Paris.

XXVI

LES NOCES DE ROSET

Vous rappelez-vous, madame, ce bal de noces auquel nous assistions l'hiver dernier, et le triste amoureux qui vous fit tant rire? C'était un pauvre garçon depuis longtemps épris de la mariée. Tout le monde savait son secret, mais lui voulait faire le brave :

— Qu'elle se marie, tant mieux, je danserai à sa noce !

Et il dansait, le malheureux, mais de quel air navré ! Moi, ses entrechats me tiraient des larmes.

Dire que pendant six mois, sans que rien m'y obligeât, j'ai joué cet attendrissant et ridicule personnage. Ah ! Roset ! Roset ! que de noces en si peu de temps, que de noces où j'ai dansé comme on danse à ces noces-là, avec un pan de nez et les yeux rouges ! Il est vrai que c'était un peu ma faute si Roset se mariait si souvent.

Malgré nos huit jours de bonheur champêtre, je n'étais pas bien sûr encore d'aimer Roset; d'ailleurs, si j'en avais été sûr, je n'aurais voulu le laisser voir pour rien au monde. Amoureux? Un poëte lyrique! Cela fait rougir rien que d'y penser.

Roset, elle, restait la même et prenait mon amour comme il venait. Il n'eût tenu qu'à moi, les premiers jours, de lui faire planter là son petit hôtel, son Valaque et ses robes à queue. Sans bien comprendre peut-être la nécessité du sacrifice, la chère enfant s'y fût néanmoins résignée pour me faire plaisir. Mais, voyant mon indifférence à cet endroit, elle fut ravie, et trouva charmant de pouvoir garder tout ensemble Jean-des-Figues, le Valaque et le petit hôtel.

— Fi donc! monsieur, ce partage est indigne!

Sans doute, si je l'avais aimée. Mais puisqu'il était convenu que je ne l'aimais pas, puisque mes amis le savaient, puisque je le racontais à qui voulait l'entendre, ce partage devenait simplement une des mille petites grédineries donjuanesques que l'usage permet aux honnêtes gens; et j'avais le droit de rire et d'être fier en voyant, après nos querelles, Roset me revenir toujours la première, soit qu'elle m'aimât réellement, soit plutôt qu'elle ne pût résister au désir de me montrer un diamant nouveau ou bien quelque robe merveilleuse.

Par malheur, s'il était facile de persuader aux autres que mes sentiments envers Roset n'allaient pas au delà du caprice, il l'était beaucoup moins de me le persuader à moi-même. Malgré mes grands airs cavaliers, malgré mes professions de foi magnifiques, je me réveillai un beau matin tout bêtement et tout bourgeoisement jaloux.

Jaloux de Roset! sans oser le dire! On peut se figurer le supplice. Et Roset qui ne se gênait pas, Roset qui, sous mes yeux, le plus naturellement du monde, faisait succéder un Mingrélien au Valaque, puis beaucoup de personnes au Mingrélien!... Vous auriez cru parfois qu'elle y mettait de la malice.

Passe encore pour les mariages officiels. Mais tous, mes amis eux-mêmes, voulurent être de la fête : — Jean-des-Figues ne se fâchera pas, il a trop d'esprit! Et Jean-des-Figues ne se fâchait pas. Ils me prenaient quelquefois pour confident, me déclarant Roset charmante; et Jean-des-Figues, la rage au cœur, se mettait à danser de plus belle à ces noces fantastiques qui recommençaient tous les jours.

Je devins follement jaloux, jaloux de tout le monde, jaloux de mes meilleurs amis, des Mingréliens et des Valaques, jaloux de Mario reparue, jaloux même de Nivoulas qui ne me parlait plus depuis le scandale de ma trahison. Mais quel tonnerre d'éclats de rire, quel ouragan d'incrédulité, si j'avais dit que moi Jean-des-Figues, le poëte sceptique et libertin, j'étais amoureux et jaloux, jaloux à la tuer, amoureux à ne pas lui survivre, de cette charmante fille si bien coiffée qui daignait, au milieu de ses triomphes galants, se souvenir parfois de ses vieux amis et nous apporter dans les plis de sa robe le parfum des élégances parisiennes !

Deux anecdotes maintenant, pour bien montrer toute ma folie :

De sa vie d'autrefois, Roset avait gardé le goût des caroubes sèches. La caroube, chez nous, est le régal des ânes ; les polissons non plus ne la méprisent pas, et je me rappelle qu'en mon temps j'éprouvais du plaisir à tirer de toute la force de mes dents sur cette gousse résistante pareille à une lanière de cuir qui serait sucrée. Quoi qu'il en soit de la valeur gastronomique des caroubes, Roset les aimait, et un soir à la *Revue*, elle nous fit en riant l'aveu de ce goût bizarre. Dès le lendemain, elle recevait un paquet de belles caroubes, puis un autre la semaine suivante, et toujours ainsi tant que son caprice dura.

Se procurer des caroubes à Paris n'était pas alors chose facile ; j'avais eu besoin de la seconde vue des amoureux pour en déterrer un tonneau chez un épicier provençal de la banlieue, rival inconnu du père Aymès.

Aussi cet envoi anonyme intrigua-t-il beaucoup la chère Roset :

— Qui diable m'envoie ces caroubes?... C'est un tel, sans doute... non, un tel... mon vieux Grec de Marseille, peut-être... Et la voilà échafaudant les plus beaux rêves là-dessus, et riant !

— Jean-des-Figues, me dit-elle un jour, je l'ai enfin découvert mon homme aux caroubes.

Cette confidence m'atterra. Roset voulait-elle me faire parler? ou bien quelque ami indélicat avait-il eu l'idée perfide de s'attribuer l'honneur et les bénéfices de ma galanterie? L'aventure était cruelle; mais je me contentai de devenir rouge sans révéler à Roset que l'homme aux caroubes c'était moi.

Une autre fois que j'attendais Roset et que Roset ne venait pas, à deux heures du matin, par une pluie épouvantable, je me souviens d'être allé sous ses fenêtres faire le pied de grue.

— Mon pauvre Jean-des-Figues, me disait Roset le lendemain, il pleuvait si fort hier que je n'ai pas eu le courage de venir. Mais crois-tu qu'avec ce temps-là, un inconnu en manteau brun s'est promené toute la nuit sous mes fenêtres?

— Pas possible, Roset!

— Puisque je te le dis.

Et nous rîmes, nous rîmes de cet imbécile!

Cependant notre amour allait s'envenimant.

Roset ne s'arrêtant pas de se marier; je pris des maîtresses par représailles. Peine perdue : Roset eut l'air de trouver cela naturel.

— O perversité des femmes! disais-je.

— O sottise des hommes! aurait pu dire Roset.

Mais Roset avait mieux à faire que de philosopher sur ma sottise. Nivoulas, disparu depuis trois mois, revenait de province, plus amoureux que jamais, avec un héritage et pardonnait tout, à cette condition qu'on l'aimerait comme autrefois; et qu'on renoncerait aux Mingréliens, aux Valaques et à Jean-des-Figues.

— Faut-il que je renonce? me demanda Roset.

— Mon Dieu, oui! Pourquoi pas? lui répondis-je la rage au cœur, mais sans rien en laisser voir.

— Adieu alors, Jean-des-Figues!

— Adieu, Roset.

C'est ainsi que nous nous quittâmes; et le soir même, un grand désir de calme, de repos aux champs m'étant venu, le soir même je m'embarquais pour Canteperdrix, triste, il est vrai, mais heureux aussi de voir une fin à mes ridicules amours et à mon ridicule martyre.

Pourtant, au moment de partir, je crus me rappeler que le matin, en nous quittant, lorsqu'elle me disait : Adieu, Jean-des-Figues! de sa voix malicieuse, Roset avait une larme, une toute petite larme tremblante au coin de l'œil.

— Est-ce que par hasard elle m'aimerait? Et j'eus presque envie de ne plus partir. Mais je m'aperçus que moi-même je pleurais. Alors tout mon scepticisme me reprenant :

— Fou, fou, que tu es! m'écriai-je, de croire que Roset a pu t'aimer. Roset, tu le sais bien, n'aime que les caroubes et la cigarette, et si ses beaux yeux allumés t'ont semblé humides tout à l'heure, c'est que tu pleurais, toi, et que tu les voyais à travers tes larmes.

Sur ce merveilleux raisonnement, la locomotive siffla.

XXVII

RETOUR AU PAYS

A quatorze lieues de Canteperdrix, je quittai le wagon, selon l'usage, pour le coupé capitonné de drap gros bleu d'une voiture de messageries. Je me sentis tout d'un coup plus joyeux. Jusque-là Paris me poursuivait. En chemin de fer, vous n'êtes qu'à moitié parti : le tracas des traïns, les gares, les buffets, les gens, c'est un peu de Paris qu'on emporte ; mais la diligence connue, avec son conducteur qui vous a vu tout petit et qui a l'accent de votre ville natale, c'est un peu du pays qui vient au-devant de vous.

Qu'elles me semblèrent aimables à traverser ces quatorze lieues, qui avaient été si longues, si longues, deux ans auparavant, sur le dos de Blanquet! Comme je riais à certains souvenirs, et comme mon arrivée fut réjouissante!

Il faisait beau soleil, Canteperdrix se trouvait en pleines vendanges, et tout le long de la route on ne rencontrait que cornues de bois et bennes à charrier le raisin, qui s'en allaient pleines vers la ville, où qui, revenant vides aux champs, se heurtaient sur les charrettes à grand bruit et remplissaient le terroir, vallons, plaines et coteaux d'un joyeux roulement pareil au bruit lointain des tambours.

Avec quelle émotion je la reconnus, cette chère musique d'automne qui, mêlant sa voix au chant des ortolans, semblait, de tous les points de l'horizon, souhaiter à l'enfant prodigue sa bienvenue!

Et le vieux pont de pierre, et la rivière, et le grand rocher nu, sculpté comme une cathédrale, et la poignée de maisons grises à toits plats accroupies au pied, qui sont la ville de Canteperdrix, et les remparts, et les machicoulis de grès rouge, et les quatre tours coiffées d'herbes folles au lieu de créneaux, qui me regardaient venir par-dessus les ormes des lices, de quel cœur je les saluai!

Et quand, le portail Saint-Jaume une fois dépassé, la voiture roula entre deux rangées de hautes maisons, dans la fraîcheur des rues; quand la terre maternelle pavée des galets pointus de la Durance nous fit sauter sur ses genoux, la diligence et moi, comme une nourrice son nourrisson, alors mon attendrissement ne se contint plus.

Des citadins faisaient leur promenade sur la place du Cimetière Vieux :

— Arrêtez! conducteur, arrêtez! criai-je...

Je voulais leur sauter au cou à ces braves gens, il me semblait que je les aimais.

Mais le conducteur ne m'entendit point. Heureusement pour moi, car c'étaient les quatre ou cinq plus méchantes personnes de la ville, et ils eussent, selon toute apparence, assez mal reçu mes effusions.

Mon brave homme de père me donna à peine le temps de nous parler. Il fallut partir, il fallut le suivre, il fallut aller admirer les embellissements de la Cigalière. Tout y était fort beau en effet et conforme à la description enthousiaste que m'en avait donné sa lettre : le bastidon cubique et blanchi à la chaux, la fontaine sous la fenêtre, et le figuier dont les larges feuilles buvaient l'eau froide du vivier.

— Et Blanquet? demandai-je en me rappelant nos repas à l'ombre et les bons sommeils d'autrefois.

Blanquet n'était plus là. Mon père, le trouvant vieilli, l'avait troqué, la foire d'avant, contre le mulet d'un bohémien. Il croyait ainsi faire un coup superbe. Mais, par un châtiment du ciel, le mulet se trouva être borgne des deux côtés. Aussi ne parlait-on plus à la maison de ce bon, de ce brave, de ce laborieux Blanquet, que les larmes aux yeux, et du brigand de bohémien que l'injure à la bouche.

— Si c'était le Janan de Roset! pensai-je, au portrait que me fit mon père du vendeur de bêtes aveugles.

Et cela me donna envie de rire.

Ici, le lecteur va m'interrompre.

— Comment, monsieur Jean-des-Figues, dira-t-il,

voulez-vous qu'un vieil âne gris que nous avons tous vu, il y a quinze mois, arriver devant Paris et prendre la fuite, comment voulez-vous que cet âne ait fait seul un tel voyage à travers la France, et se trouve un beau jour, pour les besoins du roman, à Canteperdrix, dans l'écurie de votre père?

A cela je répondrai d'abord :

Que les taureaux de Camargue, ses compatriotes, sont bien autrement forts, eux qui, emmenés à trente, quarante, cinquante lieues pour les courses, flairent d'abord le vent, s'ils réussissent à s'échapper, puis piquent droit devant eux sans que jamais rien ne les arrête, vallons, précipices ni montagnes, droit au Rhône, au large Rhône qu'ils traversent à la nage, épuisés, suants, demi-morts, et qui vont jusqu'à ce qu'ils tombent ou qu'ils aient retrouvé le maigre pâturage natal.

Et, si cette explication ne suffit pas, je dirai encore que le Blanquet dont il s'agit, le Blanquet vendu au bohémien n'était peut-être pas le même que le Blanquet de mon enfance, celui qui m'avait planté là quinze mois auparavant, aux portes de Paris, avec mon chapeau pointu et mon sac de figues; mais j'ajouterai que cela ne fait rien à l'affaire, qu'à la maison, de temps immémorial, il y a toujours eu un petit âne gris du nom de Blanquet; qu'un Blanquet mourant, il est tout de suite remplacé par un autre Blanquet entièrement semblable; qu'on s'habitue à les confondre, et qu'on aime tous les membres de la dynastie comme s'il n'y avait eu au monde et rue des Couffes, depuis le commencement du siècle, qu'un seul et unique Blanquet.

Puis ceci réglé, je continue.

Nous entrâmes chez M. Cabridens, en revenant de la Cigalière. M. Cabridens me reçut avec l'affectueuse familiarité d'un confrère; madame Cabridens joua la femme d'esprit enfouie au fin fond de cette horrible province, et qui trouve enfin quelqu'un à qui parler; quant à mademoiselle Reine, elle se contenta de rougir un peu sans rien dire.

Je retrouvais tout comme je l'avais laissé. Sur les murs du salon, c'était le même papier peint avec le même jardin ridicule et plein de chaises, où se promènent des incroyables en habit jaune et des merveilleuses à sandales, costumées comme madame Tallien. Le piano n'était point changé, les fauteuils à lyre gardaient leur place; j'aurais reconnu jusqu'aux mêmes grains de poussière, si un grain de poussière n'avait pas été chose introuvable dans le salon de madame Cabridens.

Seulement, au bel endroit de la cheminée, la fameuse médaille cantoperdienne brillait prisonnière entre deux lentilles de cristal, et visible du revers et de la face comme une hostie dans l'ostensoir. Je remarquai aussi que madame Cabridens avait pour robe d'intérieur certaine étoffe de soie brochée et ramagée qui jadis ne sortait de l'armoire qu'aux jours de fête. A part cela, et mademoiselle Reine un peu grandie, j'aurais pu croire que jamais je n'avais quitté Canteperdrix.

Ce petit salon provincial, il me semblait l'avoir vu la veille; mes deux ans vécus dans Paris, Roset, Nivoulas et Bargiban, les poëtes et les Valaques, tout cela me faisait l'effet d'un lointain songe, d'un de ces songes du matin mêlés de plaisir et d'angoisse que l'on se rappelle, réveillé, avec un sentiment de voluptueuse terreur.

— Ne bougeons pas d'ici, me disais-je, et je me plongeais jusqu'au cou au fond d'un bon gros fauteuil en velours d'Utrecht.

Puis, regardant du coin de l'œil mademoiselle Reine attendrie :

— Quel dommage, Jean-des-Figues, d'avoir été à ce point bronzé par la vie, et de ne pouvoir plus être amoureux !

XXVIII

MÉFAITS D'UN HABIT NOIR

Un matin, comme j'achevais ma toilette, j'entendis des souliers craquer, des souliers de dévote, et la tante Nanon entra :

— Jean-des-Figues, me dit-elle joyeusement scandalisée, viens vite, Jean-des-Figues ! *Elle* est sur la terrasse du Bras-d'Or.

— Qui cela, tante Nanon ?

— Tu ne sais donc pas, la Parisienne !... qui est débarquée par la dernière diligence... tout Canteperdrix ne parle que d'elle. Et levant au ciel ses petits yeux gris pétillants de pieuse malice, la tante Nanon s'écria :

— Jésus ! Marie !! Joseph !!! elle fume des cigarettes...

Il faut dire, pour expliquer ceci, que la pauvre demeure paternelle ayant été jugée indigne d'un aussi grand homme que moi, on m'avait bon gré mal gré installé chez la tante Nanon, que sa haute dévotion, six cents francs de solides rentes, deux terres au soleil, la maison qu'elle habitait rue des Jardinets, près de l'église, et par-dessus tout ses coiffes de béguine à longs tuyaux, avaient presque élevée jusqu'à la bourgeoisie, car on l'appelait mademoiselle, bien qu'elle fût veuve, *misè Nanoun*, s'il vous plaît, gros comme le bras, ce qui chez nous est un grand honneur.

La maison de misè Nanoun touchait à l'auberge du Bras-d'Or, et un simple rideau de vignes séparait, sur le derrière, les deux terrasses contiguës.

Vous le devinez, la Parisienne arrivée de la nuit qui, à dix heures du matin, remplissait déjà Canteperdrix de la fumée de ses cigarettes, c'était Roset, Roset en personne.

— Quel spectacle, mon pauvre Jean !

— Ah ! tante Nanon, ne m'en parlez pas !

Laissant tante Nanon en observation derrière sa vigne, Jean-des-Figues se précipita vers la rue.

Mon premier mouvement fut de courir au Bras-d'Or, à Roset ; vous savez, la force de l'habitude ! et tante Nanon derrière sa vigne allait être témoin de belles choses, si je ne me fusse subitement arrêté en apercevant Nivoulas qui descendait de voiture sous la remise de l'auberge, mélancolique, furieux, une valise à la main.

Voir Roset m'avait mis le feu au corps, mais l'apparition de Nivoulas l'éteignit.

— Quoi, toujours Nivoulas ! pensai-je, toujours

les noces de Roset! Alors me rappelant combien depuis six mois j'avais souffert, et de quelle façon ridicule! encore meurtri, encore aigri, j'eus honte de mon lâche empressement.

— Fuyons la tentation, allons à Maygremine!

Je me mis donc en route pour Maygremine; toutes mes illusions, tous mes souvenirs d'enfance m'étaient à la fois revenus. Le désir que j'avais de ne pas aimer Roset me faisait à ce moment presque croire que j'aimais Reine.

L'orage, un orage d'automne, menaçait quand je partis, et dès mes premiers pas hors la ville quelques gouttes lourdes et larges comme des sous, s'aplatirent en fumant dans la poussière de la route. Je ne voulus pas retourner pourtant, le ciel avait des coins bleus, j'espérais atteindre Maygremine avant le gros de la pluie. Mais en un clin d'œil les nuages crèvent déchirés par l'éclair, l'eau tombe à seaux, la route roule une rivière, et avant que j'aie pu me mettre à l'abri, je me trouve ruisselant de la tête aux pieds, le chapeau fondu, tout couvert de boue, dans un état à ne me présenter nulle part.

En aurai-je le démenti? Je rentre chez moi, toujours poursuivi par l'idée de Roset; je me refais beau en pensant à Reine, et je repars pour Maygremine, sur la foi d'une éclaircie.

Il faut croire que la pluie m'en voulait ce jour-là, car, surpris d'une nouvelle ondée, mon veston bleu de roi partage le sort qu'avait eu déjà ma jaquette gris-perle.

Exaspéré, je rentre encore et me rhabille. Trois fois, comme dirait une épopée classique, Jean-des-Figues changea de vêtements, et trois fois la malice d'un ciel d'automne l'inonda, ses vêtements et lui, sans réussir à calmer sa fièvre.

Malheureusement, ma garde-robe de poëte n'était pas inépuisable; et, quand une redingote puce eut subi la même aventure que la jaquette gris-perle et le veston bleu de roi, force me fut de renoncer à ma visite.

Je me sentis vaguement perdu. J'entendais à travers le rideau de vigne, par la fenêtre de la terrasse, la voix connue de Roset; tentation irrésistible! Comme pour mieux railler ma défaite, l'orage s'en était allé plus loin, et le soleil dans le ciel lavé resplendissait avec un éclat plein d'ironie.

C'était à s'arracher les cheveux.

— Et mon habit noir? m'écriai-je, subitement illuminé, mon habit noir auquel je ne songeais pas! Cet habit soit loué, je pourrai voir Reine aujourd'hui, mademoiselle Roset ne sera pas victorieuse.

Mais l'habit noir appelle la cravate blanche et le reste. Dans mon ardeur de fuir Roset, sans réfléchir au caractère extraordinairement solennel qu'un pareil costume pourrait prêter à une visite d'ami, à une simple visite de campagne, me voilà trottant en gilet à cœur, en claque et en escarpins de bal, sur la grande route encore humide, dont les innombrables petits cailloux reluisaient gaiement au soleil.

— Tiens! tiens! disaient les gens intrigués, M. Jean-des-Figues, avec son habit noir, qui s'en va droit à Maygremine! Qu'est-ce que cela peut bien vouloir dire?... Hélas! tout entier à son idée fixe, Jean-des-Figues n'entendait rien.

Je rencontrai Reine dans l'avenue. En me voyant, elle rougit beaucoup, mais ne m'évita point, comme elle faisait d'ordinaire quand elle était seule. Elle me donna même sa main à baiser : — « C'est presque permis maintenant », semblait-elle dire.

Je ne m'expliquais pas ce subit changement.

Un instant après, ce fut bien mieux : mon habit noir et moi, tombions en plein quatuor. Alors, subitement, sans respect pour Mendelsohn, chose inouïe! tous les archets de s'arrêter! Comme par l'effet d'une secousse électrique, un même sourire, à la fois malicieux et discret, parcourut en même temps tous les visages ; pupitres, cahiers de musique, archets, carrés de colophane et violons rentrèrent silencieusement dans les boîtes et dans les armoires ; les exécutants eux-mêmes s'évanouirent, et, avant que la surprise m'eût permis de placer un mot, j'avais vu mademoiselle Reine disparaître, comme effarouchée, madame Cabridens la suivre, en me faisant un signe d'intelligence auquel je ne compris rien, et je me trouvais seul au milieu du salon déserté, face à face avec M. Cabridens qui me tenait prisonnier dans un fauteuil et commençait un discours de sa voix de comice agricole.

J'avais peur...

Grave, presque ému, le gros M. Cabridens me parlait de biens paraphernaux et d'amour partagé, de mes succès, de l'héritage de misè Nanoun, des innombrables vertus de Reine.

Moi, j'avais toujours peur. Je devinais que ce maudit habit noir n'était pas pour rien dans le mystère. Sans bien voir encore de quoi il s'agissait, je commençais à vaguement regretter qu'une quatrième averse survenant ne m'eût pas une bonne fois arrêté en route.

Puis, tout d'un coup, à un mot de M. Cabridens, un éclair me traversa le cerveau; je compris, et, confus, je m'enfonçai dans le fauteuil pour essayer de cacher mes basques.

Oh! cet habit! dans quelle horrible situation il me mettait! J'aurais voulu le voir aux cinq cents diables! Figurez-vous que, trompé comme tout le monde, comme le quatuor, comme mademoiselle Reine et comme madame Cabridens, par la solennité extraordinaire de mon costume, le bon notaire s'était imaginé que je venais demander sa fille en mariage.

— Mais parlez, mon ami, parlez! croyez-vous que je sois un ogre?

Et, attribuant mon silence à la timidité, il me poussait aux aveux, paternellement.

En vain j'essayai de protester.

— A qui ferez-vous accroire, monsieur Jean-des-Figues, que vous avez endossé l'habit et coiffé le tuyau de poêle dans l'unique dessein de faire peur à nos moineaux?

C'était invraisemblable, en effet, il me fallait bien le reconnaître.

Je fis donc ma demande, de désespoir, pour m'en aller. Sur-le-champ, la main de Reine me fut accordée.

— Grand merci! m'écriai-je une fois dehors et mes idées un peu rafraîchies, ça ne peut pas pourtant se passer comme ça!... M. Cabridens est allé trop loin... J'avais envie de me dédire.

Il n'était plus temps.

Grâce à ces messieurs du quatuor, le bruit de mon bonheur avait déjà couru tout Canteperdrix; mes bons parents en pleuraient de joie; les libéraux approuvaient M. Cabridens; les vieux partis, sur la place du Cimetière Vieux, levaient en l'air, d'indignation, leurs cannes à bec de corbin, et les gens bien informés se racontaient dans l'oreille que la comédienne du Bras-d'Or était tout simplement ma maîtresse, venue de Paris exprès pour rompre le mariage, mais qu'elle était immédiatement repartie, en le voyant conclu malgré ses efforts.

XXIX

CET IMBÉCILE DE NIVOULAS

Je trouvai chez moi un mot de Roset :

Au bout d'un jour, à ce qu'il paraît, Nivoulas l'ennuyait déjà; alors, elle avait eu regret de ses torts, et s'était mise en route pour retrouver Jean-des-Figues.

La nouvelle du mariage apprise en arrivant, venait de lui porter un coup. Mais elle ne m'en voulait pas, Reine étant belle.

« Quant à moi, continuait-elle, j'ai failli rester en gage au Bras-d'Or, malgré mon envie de repartir. J'étais si sûre de te ramener! Je n'avais pris que juste l'argent du voyage. Heureusement, cet imbécile de Nivoulas, qui me poursuivait avec l'intention de me tuer dans tes bras, est arrivé à temps pour payer la note.

« Mais ne sois pas jaloux de lui; je l'ai en horreur, il m'aime trop, et le pauvre garçon aura fait un triste voyage... »

Puis en manière de post-scriptum :

« Décidément, ce Nivoulas m'obsède, mais j'ai mon idée. J'ai rencontré, ce matin, mon premier mari. Janan, toujours noir comme un Maure, et depuis il rôde autour de l'hôtel. Si je me mettais en ménage moi aussi! Ce serait drôle, n'est-ce pas, Jean-des-Figues? »

Au-dessous du mot « drôle », près de la signature, il y avait une petite tache pâle, une larme, en forme de poire de bon chrétien.

Je n'attachai pas grande importance à ce post-scriptum ni à cette larme. Je savais la belle capable de tous les caprices, et même au besoin de se faire bohémienne par dépit; mais je savais aussi que ces caprices ne duraient pas, et j'espérais bien, après une nouvelle lune de miel sous une arche de pont, d'apprendre bientôt sa rentrée triomphale dans Paris.

Cependant mon mariage allait son train, et vous pensez bien qu'il ne m'enthousiasmait guère. J'essayai bien d'abord de me monter la tête à l'endroit de mademoiselle Reine; mais, outre que le souvenir de Roset me poursuivait toujours, je ne tardai pas d'un autre côté à m'apercevoir que Reine, mon blanc fantôme de marquise, le beau lis virginal plein de fraîche rosée, était devenue tout doucement pendant mon absence à Paris une vraie petite cocodette de province; car il y a maintenant des cocodettes partout, grâce aux chemins de fer et aux journaux de mode. Mademoiselle Reine avec quatre ou cinq de ses amies de pension, la fine fleur de l'aristocratie cantoperdicienne, lisaient la *Vie Parisienne* au fond des Alpes, chantaient Offenbach d'un accent délicieusement provençal, et promenaient, le dimanche au sortir des vêpres, sur les cailloux pointus de la place du Cimetière Vieux, d'invraisemblables robes à fanfreluches.

Quelques petits cousins revenus pâles de leur cours de droit, monocle sur l'œil, pantalon collant, un stick garni d'or à la main pour monter des chevaux de ferme, donnaient la réplique à ces demoiselles.

C'était horrible! mais le moyen de se dégager? Mes façons parisiennes et la coupe distinguée de mes cols m'avaient conquis irréparablement la bonne madame Cabridens; M. Cabridens, qui, sous sa bedaine de notaire cachait une âme de littérateur, était ébloui de ma jeune gloire; quant à mademoiselle Reine, même sans le souvenir de nos amours, elle aurait, je crois, épousé le diable en personne si le diable avait dû la conduire à Paris.

Enfin le jour du mariage fut fixé; les couturières coururent la ville, on s'inquiéta des invitations; le pâtissier de la grand'rue rêva, en me voyant passer, pièces montées et gâteaux de fécule, et j'allais devenir, sans plus de résistance, le glorieux gendre de M. et madame Cabridens, quand un matin je vis entrer chez moi, devinez qui? Nivoulas mon ennemi, Nivoulas harassé, suant, et poudreux comme une route départementale.

Croiriez-vous que depuis un mois, cet homme de bronze, ce romancier pratique et musculeux, devenu bohémien par amour, suivait Roset sur les grands chemins, tremblait devant Janan qui ne daignait même pas être jaloux de lui, et poussait aux roues à l'occasion quand la caravane grimpait une côte?

J'eus peur d'abord qu'il ne vînt me tuer, tant son regard, en entrant était farouche. Mais d'une voix suppliante, qui faisait l'opposition la plus comique avec la fureur de ses yeux :

— Venez, Jean-des-Figues, me dit-il, venez vite; il n'y a pas de temps à perdre.

Et sans me donner d'autre explication, il s'assit sur le bord de mon lit, dans l'attitude de la plus profonde douleur. Puis, comme s'il se fût parlé à lui-même :

— O le gueux! ô le bohémien! murmura-t-il en serrant les poings, faire tenir un mulet borgne par une femme!

Miséricorde! Roset.... (Nivoulas était si désespéré qu'il s'assit et qu'il se leva plus de vingt fois pour me raconter cette lamentable aventure), Roset, en vendant avec son Janan un mulet vicieux sur le champ de foire, avait reçu au sein un mortel coup de pied. Nivoulas l'avait laissée expirante, au milieu des bohémiens, à une lieue loin de Canteperdrix, dans la caravane dételée.

— Et c'est vous qui venez me chercher? lui dis-je, rouge comme le feu et touché jusqu'aux larmes...

— Laissez-moi, je l'aime toujours, fit-il en se détournant pour ne pas voir que je lui tendais la main; mais elle est malade, bien malade, et quoiqu'elle ne m'en ait rien dit, j'ai compris, j'ai cru deviner, Jean-des-Figues, que peut-être cela lui ferait plaisir de vous voir.

« Laissez-moi, je l'aime toujours... » Comme il me parut grand en disant cela, cet imbécile! Et quand nous arrivâmes au campement des bohémiens, quand les trois vieilles femmes qu'un peu d'argent avait séduites, me montrèrent, en l'absence de Janan, Roset tout au fond de la caravane, Roset couchée sur un grabat et pâle comme une morte, quand je la vis ouvrir les yeux faiblement et me regarder, alors un grand remords me prit, et j'eus envie de lui crier :

— Ne m'aimez pas, Roset; n'aimez pas ce misérable Jean-des-Figues, c'est Nivoulas plutôt, l'imbécile de Nivoulas qu'il faut aimer!

Mais voyez le divin égoïsme des femmes : Roset, tout entière à son bonheur, n'eut ni un regard de remercîment ni un sourire pour ce pauvre garçon qui pleurait silencieusement dans un coin.

La nuit tombant, il fallut partir.

— Janan va venir, disaient les vieilles.

Mais elles me jurèrent que je pourrais encore voir Rôset le lendemain, et tous les jours, si je voulais, jusqu'au départ.

XXX

EST-CE QU'ON SAIT?... ALLEZ-Y VOIR!...

J'avais fait bien des projets pendant la nuit pour délivrer Roset et rompre mon mariage, mais le lendemain matin, quand je revins à la place où j'avais laissé la caravane, je n'y trouvai plus que les ordinaires reliefs des ânes et des mulets, quelques morceaux de bois éteints entre deux grosses pierres noircies, et sur le bord du fossé, Nivoulas qui se lamentait, assis dans l'herbe.

— Bon Dieu! disait-il en s'arrachant des poignées de cheveux roux, Janan aura tout su... les maudites vieilles nous auront trahis!... Et ils emmènent Roset mourante avec eux!... ils l'emmènent!...

Tout cela n'était que trop vrai; tandis que Nivoulas dormait, les bohémiens avaient décampé sans même songer à lui rendre sa valise. De quel côté étaient-ils passés maintenant? comment faire pour les atteindre?

Mon émotion fut telle à cette nouvelle que j'en oubliai subitement mon mariage et Canteperdrix : — C'est ta faute, Nivoulas!... Ta faute, te dis-je!... Puis je me calme, je me mets en route au hasard. Nivoulas me suit, en pleurant toujours, et nous voilà battant le pays de compagnie.

Pas plus de bohémiens, pas plus de Roset que sur la main.

Aurais-tu rêvé? me demandais-je quelquefois. Et le fait est que ce campement, tel que je me le rappelais, à la nuit tombante, les feux allumés, les trois sorcières, l'ombre de deux ânes et d'un mulet noire sur un ciel encore clair, toutes ces choses et Roset au milieu, presque morte, ressemblaient moins à une aventure réelle qu'aux images que se crée un cerveau malade. Nivoulas, dont la présence seule attestait que je n'avais pas rêvé; Nivoulas, long comme il était, et rendu tout à fait diaphane par la douleur, prenait lui-même à certains moments des apparences fantastiques.

Enfin, découragés, nous nous séparâmes. Nivoulas s'en alla sans vouloir me donner la main; moi, je rentrai à Canteperdrix, harassé, la tête perdue, sentant mille débris se heurter dans le naufrage de ma raison : noires épaves de mes systèmes fracassés, beaux rêves réduits en miettes qui flottaient et roulaient sur l'eau, lamentables et magnifiques, pareils aux poulaines dorées des vaisseaux du roi après le désastre de la Hogue.

Comme je refusais toute explication sur les motifs de mon absence, mon père me justifia aussi bien qu'il put, et les préparatifs du mariage recommencèrent de plus belle. Je n'eus pas même le courage de rompre, j'étais entièrement incapable de volonté.

Une idée fixe me tenait : si Roset était morte!

Mon père s'effrayait de me voir toujours, disait-il, dans la lune. Ce mystérieux voyage avec un inconnu, la tristesse que j'en avais rapportée, tristesse inexplicable au moment d'épouser celle que j'aimais, tout en ma conduite paraissait au pauvre homme incontestables symptômes de folie; il se rappelait avec désespoir l'accident survenu à mon enfance par la faute de Blanquet, et plus d'une fois les larmes me vinrent aux yeux de le voir, d'un air accablé, secouer la tête en me regardant.

Un jour, à la Cigalière, je m'aperçus que la terre paraissait remuée de frais autour du figuier. Pourtant la saison ne valait rien pour fouir. Je m'informai :

— Ce sont des bohémiens, me répondit mon père, qui ont enterré quelque chose là, un matin... Le tronc du figuier m'empêchait de bien voir... et puis ces gaillards-là, petit, il ne fait pas bon se mêler de leurs affaires...

— Et qu'ont-ils enterré?...

— Est-ce qu'on sait? fit-il en arrachant un bourgeon gourmand.

Est-ce qu'on sait... Ces cinq mots d'abord ne me frappèrent point. Mais bientôt, autour de la petite phrase jetée, une série d'imaginations folles naquirent, se succédèrent comme les cercles qui courent sur l'eau, et toutes finissaient par se confondre en une commune obsession, toutes me faisaient entrevoir des rapports étranges entre deux faits qui peut-être vous sembleront n'en avoir guère : la disparition de Roset et la terre remuée sous mon figuier.

Le soir, sur la place du Cimetière-Vieux, à l'heure où les moineaux font tapage dans les ormes, quelques personnes allaient et venaient.

D'un air indifférent, je me mis au pas de la promenade, à la droite de M. Cabridens ; puis toujours à mon idée, je fis descendre la conversation, par cascades habilement ménagées, du prix courant des chardons et des garances dont la société s'entretenait, aux mœurs singulières des bohémiens. Cette manœuvre me fut d'autant plus aisée que l'inépuisable M. Cabridens avait autrefois, nous dit-il élaboré, un mémoire sur cet important problème ethnologique…

— Ethnologique et social ! interrompit le nouveau substitut, petit jeune homme de trente-six ans, frais comme cire, et si blond, si blond qu'on apercevait distinctement sa peau trop blanche à travers l'or clair de ses favoris. Social ! ai-je dit : est-ce, en effet, autre chose qu'un problème social, ces tribus qui vivent nomades en pleine France comme l'Arabe dans son désert, qui se rient des gouvernements, qui ne veulent ni lois ni prêtres, qui méprisent l'état civil, et qui, chose épouvantable à penser, naissent, se marient et meurent, librement comme ils l'entendent? N'est-ce pas...

Au risque de me faire un ennemi, j'interrompis le disert substitut.

— Pardon! mais quand un bohémien vient à mourir?

— Si c'est dans la ville, monsieur, on porte le mort à l'hospice qui se charge des sépultures; mais, vous comprenez, s'il meurt en plein champ, sur une route, alors, psitt... Allez-y voir! Et là-dessus, de l'index de sa petite main grasse, le joli substitut décrivit en l'air un geste qui me donna le frisson.

Est-ce qu'on sait?... Allez-y voir!... Ces deux courtes phrases me bourdonnèrent longtemps dans le cerveau, se cognant aux parois comme deux hannetons fantastiques.

Quelle aventure étrange si mes pressentiments ne me trompaient pas : Roset mourant par ma faute, assassinée peut-être (ces bohémiens sont capables de tout!) et ensevelie (remarquez, ici, le doigt de la Providence!) sous le même figuier où j'étais né.

Je fis un rêve tout éveillé, en descendant vers la rue des Couffes.

Je me voyais à la place de mon père, dans le bastidon de la Cigalière, l'œil collé au trou du volet. Le jour levant blanchissait à peine; les vignes, les champs étaient déserts; les cultures, laissées de la veille, attendaient.

Puis, un bruit de grelots. Une voiture qu'il me semblait connaître, s'arrêtait au bas du champ, sur le chemin. Un grand diable brun et sec en descendait, Janan sans doute;... il choisissait l'endroit... il creusait une fosse... Qu'apportent ces trois vieilles femmes, dans un drap?...

Les branches et le tronc m'empêchaient de bien voir, comme mon père, mais je croyais distinguer, dépassant le drap, des cheveux noirs flottants et une petite main.

C'était fini, j'entendais la terre tomber. Les vieilles remportaient le drap et la pioche... Un coup de fouet!... En route, en route, disait Janan, et, au même moment, le soleil apparu colorait en rose la vieille vigne, le tronc lisse et les larges feuilles du figuier, la voiture qui disparaissait au tournant du chemin, et la terre fraîche de la fosse!

Une question me restait à faire :

— A propos, père, quel jour donc ces bohémiens s'amusèrent-ils à fouiller ainsi sous le figuier?

— Diantre! Jean-des-figues, ce figuier t'intéresse bien, répondit le brave homme en riant de son bon rire; quel jour? je l'ai, ma foi! bien oublié!

Puis, comme si le souvenir lui revenait tout à coup :

— Eh! parbleu! il y aura deux semaines demain. C'était justement le matin où tu partis si vite, Jean-des-Figues, sans avertir personne.

XXXI

LE VERRE D'EAU

Vous avez lu *Mireille* et ce merveilleux dialogue d'amour qui fera le mûrier du mas des Micocoulés éternellement sacré, comme le balcon du palais Montaigu, aux poëtes et aux amoureux :

— « Peut-être un coup de soleil, dit Vincent, vous a enivrée. Je sais moi une vieille au village de Baux, la vieille Taven, elle vous applique bien sur le front un verre plein d'eau, et promptement du cerveau ivre, les rayons exorcisés jaillissent dans le cristal. »

Depuis longtemps, on se le rappelle, le soleil m'avait enivré, un rayon fou me dansait dans la tête; la réponse de mon père fut le verre d'eau froide qui me guérit.

Mais au prix de quelle épouvantable crise!

Voilà donc mes pressentiments changés en certitude : Roset morte, et comment ensevelie! Je courus d'une traite à la Cigalière; et toute la nuit, pleurant Roset, au pied du figuier où les paysans me retrouvèrent à l'aurore, je sentis avec une bizarre impression de soulagement et de souffrance, le maudit rayon, le rayon de Blanquet qui s'échappait de mon front rafraîchi.

Je fus comme un enfant pendant huit jours. J'avais le délire et je disais, paraît-il, des choses si énormes, que le mariage se rompit pour de bon cette fois. Mon père tremblait en m'en apportant la nouvelle :

— Ne te désole pas, Jean-des-Figues, rien n'est perdu encore... J'irai voir M. Cabridens...

— Hélas! répondis-je, à quoi bon? Sachez, père, que l'on vient au monde avec sa part d'amour au cœur, un morceau d'or grand comme l'ongle. Le métal est le même pour tous et chacun l'emploie à sa guise. Les uns en font un anneau de mariée, les autres, un bijou capricieux pour quelque galant gorgerin. Seulement, une fois la pépite dépensée, c'est bien fini. Moi j'ai tout perdu à Paris, mademoiselle Reine ne trouverait plus rien.

Mon père ne comprit pas et me crut plus fou que jamais. C'était là, d'ailleurs, l'opinion commune.

Ah! mes chers compatriotes de Canteperdrix, monsieur, madame Cabridens, et vous mademoiselle Reine maintenant l'épouse du joli substitut à favoris clairs, me pardonnerez-vous mes scandales? C'étaient les derniers frissons de l'eau où, pareil à une tige d'acier rougi, le rayon achevait de fumer et de s'éteindre.

Puis je me retrouvai presque calme : rêves romanesques, coquetteries de libertinage, toutes les folles étincelles de mon cerveau s'étaient envolées ; tandis que dans mon cœur je sentais enfin brûler, large comme la flamme d'une lampe funéraire, l'amour que j'avais toujours eu pour Roset.

Cependant, au milieu de la joie causée par ma convalescence, je remarquai que tout le monde devenait triste subitement, si par hasard je faisais quelque allusion à mon figuier ou à Roset morte.

— Chut ! chut ! petit, disait mon père, on te défend de parler de cela !

Ces façons me mettaient en colère. Étais-je donc un enfant, pour m'imposer silence de la sorte ? Aussi pris-je la résolution de garder mes douleurs pour moi, et de ne plus parler de Roset à personne.

On me croyait guéri, ils appellent cela être guéri ! mais toutes les fois que j'étais seul, quand personne ne me voyait, j'allais m'asseoir sous mon figuier et je passais ainsi, pleurant et rêvant, de longues heures.

Un soir, j'étais là au soleil couchant ; on venait d'arroser le pré, et la source tombant de haut dans le réservoir sonore et vide à moitié, mêlait son bruit plus mélancolique aux mille bruits qui montent des champs ; l'image réfléchie du figuier se peignait magnifiquement au fond de l'eau, sur un fond d'or nacré, comme un laque chinois, et quand je relevais les yeux, je voyais devant moi, tout au bord de l'horizon, les Alpes italiennes, qui, revêtues par le soir et le soleil de flottantes vapeurs violettes, s'alignaient dans la zone empourprée du ciel, claires, presque transparentes, et comparables à un chapelet d'améthystes enchâssées dans un bracelet d'or.

Ce spectacle me remua, et songeant à toutes mes déconvenues :

— Hélas! Jean-des-Figues, me disais-je, que de peines tu pris pour être malheureux, quand il était si simple d'attendre que par un soir pareil, sous ce ciel éclatant plus beau que tous les palais, la Richesse et la Poésie, et l'Amour dans la personne de Roset, vinssent te trouver à ton champ de la Cigalière. Mais où l'amour est-il pour moi maintenant?

A ce moment, tout au bas du champ, derrière la haie sauvage de fenouil, de fusains et de roseaux qui le sépare de la route, un grand tapage me tira de ma rêverie.

— *Arri!... Arri!...* Balthazar!... criait gaiement une voix de femme, et les coups de bâton tombaient dru comme grêle sur le cuir d'un vieil âne gris. L'âne secouait ses longues oreilles sous l'ondée, mais n'en avançait pas d'un pouce.

— Balthazar, *Arri!*

O surprise! je crus reconnaître la voix. C'était Roset ou son fantôme que je voyais, dans l'or du couchant, rosser Balthazar d'une main légère. Roset ne fit qu'un saut du dos de son âne à mon cou.

— Quoi, Roset, vous n'êtes point morte?... Je n'osais plus la tutoyer.

— Quoi ! tu n'es pas marié, Jean-des-Figues ?

— Et vous connaissiez donc, Roset, le chemin de la Cigalière ?

— Non, Jean-des-Figues, j'allais te chercher à Canteperdrix ; mais pris de je ne sais quel caprice, Balthazar a quitté la grand'route, courant à travers champs, et m'a amenée de force jusqu'ici où il s'est mis à ruer au soleil, comme tu vois, sans plus bouger de place.

— O Providence ! m'écriai-je.

Roset me supplia d'abréger mes exclamations. Le cher fantôme avait grand'faim, chose positivement excusable, car j'appris que depuis trois jours, à peine rétablie, elle courait le pays sur un âne volé, fuyant son mari bohémien.

Nous avions du pain, l'eau de la source et des figues mûres à point.

Roset trouva tout excellent. Je lui dis alors mes folies, l'idée que je m'étais faite de sa mort, et la joie que j'avais de la voir d'un si bel appétit manger des figues sur sa propre tombe.

Cette idée l'égaya beaucoup :

— Mais ton substitut est aussi fou que toi !... Croit-il donc qu'il n'y ait plus de gendarmes ?... Enterrée là !... C'était bon peut-être du temps du roi René...

Puis, regardant autour d'elle avec attention et prise subitement d'un fou rire :

— C'est bien ici, ma foi !... Ah ! Jean-des-Figues, quelle aventure !... Je comprends maintenant que Balthazar m'ait amené tout droit... il venait en pèlerinage... Oui, c'est ici, je me reconnais, c'est bien ici que nous l'enterrâmes.

— Et qui, qui enterrâtes-vous ? m'écriai-je, sentant toute ma folie me reprendre.

— Qui ?... attends un peu, laisse-moi le temps de rire... Eh! parbleu, l'ami, l'inséparable de Balthazar, ils se ressemblaient comme deux vieux pauvres ! un petit âne gris pas plus haut que ça...

— Blanquet ?

— Précisément. Tiens, tu sais son nom ? Figure-toi, Jean-des-Figues, que lorsque nous nous en allions par les chemins de traverse, le lendemain de ta visite à la caravane, Blanquet arrivé ici devant, ne voulut plus avancer. Janan s'étant mis dans une affreuse colère, l'éventra d'un coup de pied, et nous l'enterrâmes sur place pour obéir aux règlements de police.

— Brave !... brave Blanquet !. fis-je en essuyant une larme, tandis que Balthazar me regardait d'un air ému; brave Blanquet, enterré là !

Mais Roset se reprenant à rire :

— Préférerais-tu que ce fût moi ?

— Oh ! non, Roset, car maintenant je sais que je t'aime.

— Enfin ! s'écria-t-elle en mordant à même une

figue. Il est bien heureux pourtant que je sois morte, sans cela, Jean-des-Figues, tu ne t'en serais jamais aperçu.

Roset avait raison : alors seulement, pour la première fois de ma vie, je compris combien je l'aimais. Et mon bonheur en vain poursuivi jusque-là, eût été le plus complet du monde, si au milieu de notre ivresse je n'avais entrevu, symbole touchant de l'instabilité de toute affection terrestre! ce bon Balthazar qui, la première émotion passée, s'était mis, sans remords, à brouter un chardon superbe poussé sur la tombe de son ami.

LE TOR D'ENTRAŸS

A FERDINAND FABRE.

LE TOR D'ENTRAŸS

I

BON COURAGE, BALANDRAN!

Le soleil tombait et les rainettes avaient commencé leur chanson du soir, lorsque l'abbé Mistre et Pierre Balandran se rencontrèrent dans le chemin étroit et naturellement ferré de cailloux qui va de Canteperdrix au château d'Entraÿs. L'abbé Mistre était abbé, et, par occasion, marchand de biens. Balandran, cordonnier comme son père, s'était, par goût des champs, jeté dans les exploitations agricoles. L'abbé Mistre était maigre et long, Pierre Balandran gras et court. L'abbé montait au château d'Entraÿs, Balandran descendait à la ville. L'abbé, tout guilleret, tenait sous le bras son bréviaire, plus un rouleau de plans et d'actes qui ne le quittait jamais. Balandran, suant et rendu, pauvre Balandran! portait en travers du cou une pioche, et sur le dos un sac de pois secs. Balandran blêmit en voyant l'abbé Mistre, l'abbé Mistre eut un bon sourire :

— Bien le bonjour, monsieur l'abbé!

— Bonjour, Balandran, bonjour! Mais, sartibois! te voilà chargé; c'est ta récolte que tu portes?

— Des pois, monsieur l'abbé, tout ce que j'ai eu! répondit Balandran d'un air piteux en faisant sonner ses quinze poignées de pois secs au fond du bissac de toile grise.

Mais l'abbé Mistre ne voulut pas voir la mine affligée du pauvre homme.

— La culture, c'est le diable, monsieur l'abbé; jamais on ne saura ce que j'ai enterré d'argent dans ce malheureux coin du plan d'Entrays!

— Ça te profitera, Balandran.

— Dieu vous entende, monsieur l'abbé!... Quand vous m'avez vendu la parcelle, je croyais cependant avoir bien établi mon compte : tant pour le premier payement, quelques écus pour défricher et mettre en état, les petits bénéfices de ma boutique, ce que j'épargnerais en café, en goûters d'auberge... et, tout calculé, je me voyais déjà le maître d'un joli bastidon, avec un bout de treille et un petit champ autour, où je pourrais aller, mon carnier me battant le dos, et un col de bouteille dépassant, *crapauder* un peu le dimanche.

— Païen de Balandran!

— Merci, monsieur l'abbé... Seulement, s'il faut tout vous dire, j'avais eu le tort de compter sur la récolte... La récolte n'arrive guère... Nous ne savons

pas, nous autres artisans, faire suer la terre comme
ceux de la Coste et des bas quartiers... Et, puisque
voici l'échéance du quinze... si vous vouliez...

— Déjà six heures! s'écria l'abbé en regardant à sa
montre que décorait une belle clef en variolithe;
déjà six heures, adieu, Balandran!

— Monsieur l'abbé!...

— Adieu, Balandran, et bon courage!

Et monsieur l'abbé, d'un pas alerte, malgré les
cailloux ronds et la montée, repartit vers le château
d'Entrays dont on apercevait le colombier. Balandran,
lui, tourna du côté de Canteperdrix, furieux, harassé
quoiqu'il ne portât pas grand'chose, et grommelant
entre ses dents : — Bon courage! c'est facile à dire;
le tonnerre l'enlève avec son bon courage!

II

BALANDRAN RENCONTRE UN VIEUX QUI LAVE SES GUÈTRES

Sur le chemin qui coupe en biais la tranche quasi perpendiculaire du plateau d'Entrays, à mi-hauteur, dans un fouillis de buis et de chêneaux, une grande source sort des roches. Un âne buvait à cette source, et un vieux paysan sec et tanné, que le temps avait fait couleur de terre, y lavait ses guêtres soigneusement.

— C'était donc vous, père Antiq?

— Ah! te voilà, Balandran, gros propriétaire! fit le vieux avec l'accent railleur, mais railleur sans malice, qui est la façon de parler ordinaire aux vrais paysans provençaux. Et que te disait le curé? Sans doute M. Blasy est prêt à vendre, et tu retenais le château.

— Père Antiq, père Antiq, ne vous moquez pas du pauvre monde!

— De toi, Balandran? J'aurais tort, tu es un brave homme, reprit le père Antiq en tordant ses guêtres, puis les étendant sur le bât de l'âne pour qu'elles séchassent en chemin ; seulement, vois-tu, j'ai une idée... *arri!* bourriquet, *arri!* qu'il se fait tard... j'ai une idée : C'est qu'à vous autres artisans, la terre ne vaut rien, et qu'avant peu ton bastidon finira par te manger ta boutique.

— Le fait est, père Antiq, que dans ce maudit carré de terre j'ai enterré déjà force beaux écus.

— Ce n'est que demi-mal, si la terre te reste.

— Si elle me reste, père Antiq?

— Balandran! je vais te dire : Eh bien, sais-tu pour qui tu travailles? Tu travailles pour l'abbé Mistre. Tu n'es pas le seul, console-toi. Mais cela nous fait rire, nous autres paysans, quand il se promène là-haut, canne à la main, dans les parcelles. Je le regardais, hier; il ne s'est arrêté, le saint homme! ni à mon champ, ni à celui de Mayenc, ni à celui de Figuière. C'est à nous, ça! bien payé; l'abbé Mistre n'a rien à y voir. Toi, Balandran, ton affaire est autre. Tu dois, Balandran, tu dois! Le champ que tu travailles n'est pas tien. Fonds tes écus, saigne-toi et peine. Coupe les buis, abats les chênes, attaque les rochers avec la poudre, défonce le sol à six empans. Fais des fourneaux, brûle le gramen qui, la peste! toujours repousse; hardi! arrache les grosses pierres, construis-en des murs, retourne-toi les ongles; passe la terre et la repasse, rends-la fine comme sable, et que pas un caillou ne reste dans cet *Ermas* qui d'abord n'était qu'un caillou. Monsieur Mistre est là qui te surveille : — Courage! Balandran, courage! Encore six mois, encore un an; puis, une fois la terre peignée, la vigne plantée, je viendrai, moi l'abbé, te faire souvenir que tu dois encore. Le notaire qui t'a prêté l'argent, — car tu emprunteras, Balandran, — le notaire (un ami de l'abbé) te réclamera d'un coup toutes les créances : capital, intérêts, papier timbré, le diable et son train! Comment payer? Ruiné, perdu, tu ne le pourras. Trop heureux alors si l'abbé, qui est charitable, consent à des arrangements, fait l'appoint de ce que tu dois, et veut bien reprendre, à prix de vente, sa cigalière dont tu auras fait un jardin.

Balandran marchait tête basse, comprenant, hélas! toute la justesse des calculs sarcastiques du vieux paysan. Pourtant, arrivé au pied du rocher, devant la porte gothique de la ville, au moment de quitter le père Antiq, une espérance subite lui vint. La nuit tombante l'encourageait :

— Père Antiq, fit-il d'une voix étranglée par l'angoisse, vous avez raison, je suis un homme perdu, l'abbé ne m'épargnera point... Et tenez, dans trois jours, c'est 300 francs qu'il faut que je paye... Vous me connaissez, conseillez-moi, je trouverais des garanties...

Le père Antiq, le devinant, lui dit qu'en toute autre circonstance il aurait pu, quoique peu riche, faire cela pour le fils d'un ami; mais les amandes n'avaient pas donné, le blé se vendait pour rien; d'ailleurs, Cadet grandissant, il devenait prudent, nécessaire, de se réserver quelques écus pour le jour — et ce jour ne pouvait tarder — où le château d'Entrays mis en vente, il faudrait acquérir à l'intention de ce Cadet, gaillard comme père et mère, et qui ne savait que faire de ses bras, n'importe quoi, un coin de terre.

Cela dit, le père Antiq fit tourner l'âne et s'engagea sous la voûte noire qui conduit dans les bas quartiers.

III

LA MAISON DU RIOU EST EN JOIE.

Laissons l'infortuné Balandran rêver de protêts et de saisies sur son oreiller qu'une salutaire terreur rembourre de papiers timbrés, et suivons le père Antiq s'en allant, joyeux et le dos cassé, à travers les passages sombres, les couverts et les ruelles en escalier qui constituent le *quartier bas*, le quartier agricole de la ville.

C'est l'heure tranquille où, tout travail fini, et quelques instants de jour clair restant encore, une fois l'âne et la chèvre rentrés, le bissac vidé, la pioche pendue, les paysans, assis au grand air devant la porte, sur les marches du petit perron, attendent la soupe que leur femme prépare et se taillent le pain avec lenteur.

— *Adiousias!* père Antiq... Vous rentrez bien de vespres, père Antiq?

Et le père Antiq, tout en poussant son âne, répondait : Bonsoir, un tel.... bonsoir, une telle.... mais sa pensée n'en trottait pas moins.

Le père Antiq, tandis qu'il lavait ses guêtres, avait vu l'abbé Mistre monter le raidillon. Il ne lui avait rien dit, n'aimant pas les prêtres. Pourtant il avait remarqué son air particulièrement empressé, le grand rouleau de papier qu'il portait sous le bras; et, malgré lui, il ne pouvait s'empêcher de réfléchir à ces choses.

— Monsieur Blasy, le propriétaire du château d'Entrays, serait-il ruiné? Et l'abbé Mistre, comme il a fait pour tant d'autres, va-t-il l'exécuter, et mettre le Tor le plus haut en parcelles?... A cette idée, le vieux paysan salivait, et songeant à ses deux sacs d'écus en réserve, aux beaux terrains qu'on morcellerait, il choisissait d'avance et ne se sentait pas d'aise.

Puis, réfléchissant, il se disait que cela était impossible. M. Blasy évidemment se trouvait dans de mauvais draps. La mise en vente de quelques terres, son intimité avec l'abbé Mistre, tout l'indiquait. De plus, maints regards échangés entre le prêtre marchand de biens et maître Chabre, le notaire, n'avaient pas échappé à cet œil aiguisé de paysan. Mais, d'autre part, le père Antiq savait bien, il le savait! que l'abbé Mistre jouait double jeu dans cette affaire; il savait (ayant surpris un mot de cela, certain soir qu'il taillait des arbres) que ce n'était pas précisément la ruine du brave Blasy qu'on cherchait. Il y avait autre chose dans le plan de l'abbé, une sacrée idée de mariage, soupçonnée du seul père Antiq, qui pouvait au dernier moment arranger tout, empêcher la vente. Le père Antiq, d'ailleurs, n'en avait jamais rien dit à personne, si ce n'est à Cadet, son fils, là nuit de Noël, après avoir bu un doigt de vin cuit.

Aussi avait-il en fin de compte l'air de méchante humeur, le père Antiq, lorsque arrivé rue du Riou, il tira le loquet de sa porte, flanquée, comme contrefort, de deux très-gros tas de fumier.

— Ho! Cadet! Cadet! cria-t-il en posant dans un coin son bissac et sa pioche. Mais Cadet ne répondit pas.

Ce Cadet-là était un gaillard de quatorze ans, fort comme à seize, et qui, depuis la mort de sa mère, gouvernait tout dans le ménage.

— Cadet trempe la soupe, il ne m'aura pas entendu, pensa le père Antiq en attachant l'âne à la crèche.

Mais soudain l'âne se mit à braire, étonné. L'âne broyait le foin à pleine mâchoire dans cette maigre crèche dont il avait si souvent, après des repas moins splendides, rongé le bois pour son dessert.

— Encore un tour de Cadet, Cadet devient fou! murmura le père Antiq; et soigneusement il enleva la pitance de sous le bec du pauvre âne décontenancé.

Un *bée* joyeux se fit entendre. Le père Antiq leva la tête et vit sur un amas de fagots la chèvre perchée, broutant à même les feuilles sèches, et prête à dévorer en moins d'une heure sa provision de tout l'hiver.

Le père Antiq jura et rattacha la chèvre à distance.

Mais quoi! dans la loge à cochon, loge sans toit, bâtie sous l'escalier, des bruits singuliers s'entendaient. Se haussant par-dessus le mur bas, le père Antiq vit son goret qui, plongé dans l'auge, travaillait du groin, et reniflait, et triturait goulûment les plus belles pommes de terre de la récolte.

Cette fois le père Antiq n'y tint plus; il se précipita par l'escalier tournant et noir qui s'ouvre en un coin de l'étable :

— Ah! Cadet..... Ah! tron dé Diou! criait-il.

Dans la chambre, il vit table mise, nappe blanche et service de vieux Moustier. Un feu clair brillait, et Cadet, assis sur un escabeau, d'une main tournait la broche, tandis que de l'autre il arrosait un poulet en train de roussir.

— Asseyez-vous, père, le dîner va être cuit! dit Cadet.

Mais, voyant une grande colère briller dans les yeux du vieillard, philosophiquement il ajouta :

— Père, ne vous fâchez point, c'est Estève qui paye la fête!

IV

LE ROMAN D'ESTÈVE

Estève, neveu du vieil Antiq et, dès l'enfance, orphelin de père et de mère, était peintre, quoique né de paysans. Sa vocation se déclara dès le collége : chez nous, les gens des bas quartiers, pour peu qu'ils soient aisés, envoient volontiers leurs enfants apprendre un an ou deux, sans but déterminé, quelques bribes de latin combinées avec quelques notions d'arpentage.

Sorti du collége, un dessin d'Estève, représentant je ne sais quel pauvre diable mendiant et fou, du nom de l'*Amitié*, avait mis tout Canteperdrix en rumeur. Le capitaine du génie, charmé, voulut employer le jeune artiste dans ses bureaux de la citadelle. Puis, s'étant pris d'affection pour lui, il décida le père Antiq. Le père Antiq déroula la grande bourse en toile, et le neveu partit étudier la peinture aux écoles d'Aix.

Logé chez un cousin aubergiste à la Bourgade, Estève ne coûtait pas davantage que s'il eût été apprenti ; et le vieil Antiq, qui pour rien au monde n'aurait consenti à faire du fils de sa sœur un curé, un droits-réunis ou un poëte, le vieil Antiq, épris avant tout de travail et de réalité, l'avait vu sans trop de déplaisir entreprendre un métier, quasi manuel à son idée.

Car, tout en ayant pour les œuvres d'Estève un respect instinctif et comme une admiration vague, le rude vieillard ne distinguait guère ce qui pouvait séparer son art de l'art ingénieux du peintre-vitrier. Et tandis que le neveu, dans la bonne ville du roi René, partageait son temps entre ses travaux de jour à l'école de dessin et les traditionnelles battues au chat menées la nuit, avec cors et flambeaux, en compagnie d'étudiants, à travers les rues herbeuses ; l'oncle, tout en passant son champ, tout en binant sa vigne, voyait dans un rêve, sur la grande place, une belle boutique, peinturlurée de losanges aux vives couleurs, et debout en haut d'une double échelle, Estève qui peindrait, au milieu de la stupéfaction générale, des attributs et des enseignes comme Canteperdrix n'en aurait jamais vu.

Estève avait laissé son oncle croire ce qu'il voulait, et continuait tranquillement ses peintures, à Marseille l'hiver, et, dans la belle saison, à Canteperdrix, où il s'était installé un atelier dans le grenier même de l'oncle. Les tableaux d'Estève, nets, heurtés ; ses aquarelles claires : paysages méditerrannées blancs et bleus, graviers de la Durance aveuglants sous le soleil et piqués de quelques touffes d'osiers maigres et de tamaris, landes de galets rouges, torrents roulant dans les rochers gris, Estève peignait tout cela, et tout cela, ma foi! se vendait. Le cercle des Beaux-Arts poussait Estève; une compagnie maritime lui avait confié la décoration d'un paquebot. Bref, Estève gagnait sa vie, et l'oncle étonné d'abord, mais voyant que l'argent tombait, finit par prendre son parti de ce métier bizarre auquel il ne comprenait rien.

— Parfaitement! c'est moi qui paye la fête, s'écriait le peintre en remontant de la cave. Il avait des araignées au chapeau, et dans chaque main une vieille bouteille.

— Les bêtes mangent, régalons-nous! Je veux que ce soir toute la maison soit en joie.

Et pourquoi Estève voulait-il que toute la maison fût en joie, pourquoi avait-il lâché la chèvre, prodigué les pommes au cochon, le foin à l'âne, et mis l'étable sens dessus dessous?

Estève allait se marier.

— Avec qui?

— Avec mademoiselle Jeanne, la propre fille de monsieur Blasy, propriétaire du château d'Entrays.

— Tu es fou, garçon! Oui, pour sûr, la tête t'aura viré, murmurait le père Antiq, plissant avec incrédulité son petit œil clair qu'illuminait pourtant l'espérance. Epouser mademoiselle Blasy! Toi, un fils de paysan ? Mais elle a refusé des percepteurs, des notaires ! Puis, regarde un peu ta tournure : cette veste de velours, ces guêtres ! Et le père Antiq, pour la première fois de sa vie remarquait, non sans amertume, le débraillé pittoresque de son cher neveu.

C'est qu'en effet le mariage d'Estève, se faisant, changeait bien des choses. L'abbé Mistre alors rompait avec M. Blasy, le traquait pour ses hypothèques, et le château d'Entrays se vendait.

Or voici l'histoire qu'Estève raconta. Elle est simple. Roulant la campagne avec son attirail de peintre, souvent il avait rencontré M. Blasy, marcheur intrépide et grand chasseur. On se lia. Estève fut présenté au château et vit mademoiselle Jeanne. Estève et Jeanne, naturellement, s'aimèrent. Et comme Estève, depuis trois mois, hésitait toujours à faire sa demande; comme mademoiselle Jeanne, sous un air d'apparente douceur, cachait une réelle énergie, il avait été décidé entre les deux amoureux que, pour en finir, mademoiselle Jeanne, le soir même, devait, au nom du trop timide Estève, demander sa propre main à son propre père.

— Quelle brave fille, cette mademoiselle Jeanne ! disait le vieil Antiq; vive comme l'eau, et franche, et point fière ! Le père fera ce qu'elle voudra. Brave homme aussi, ce M. Blasy ! Un peu imaginaire, par exemple, avec ses sarcleuses, ses faucheuses, et ne s'entendant guère à la conduite des biens; mais brave homme ! Ce n'est pas lui qui, comme tant d'autres beaux messieurs, passerait à côté de vous sans rien dire ! Au contraire : — Eh bien ! père Antiq, ça se fait-il ? — Un peu dur, monsieur Blasy : la terre n'a pas son sang. — Il nous faudrait quelques gouttes de pluie.

Et le père Antiq riait et buvait, s'exaltant.

Mais Estève ne l'entendait plus. Son rêve était à Entrays. Il voyait le petit château à tournure rustique et féodale, les granges, la cour, le colombier. Il entendait dans son bassin de pierre froide, la fontaine claire chanter. Il pensait à Jeanne.

— Allons, les enfants, à la couche ! dit tout à coup le vieux, en décrochant du mur le calen huileux, de forme romaine.

Éveillé subitement, Estève se mit à la fenêtre et regarda. La rue était déserte. Portes closes, point de lumières, et pour tout bruit l'appel mélancolique du crieur d'eau qui, soufflant dans une coquille marine percée par le bout, s'en allait à travers les quartiers paysans annoncer l'heure des arrosages.

V

LE CHATEAU D'ENTRAYS, LE PLAN, LE TOR.

Entrays, le tor, deux mots qu'il faudrait expliquer. Car, si les Français connaissent de leur langue ce qu'on peut en apprendre dans les livres, il en est une non moins belle que, malheureusement, ils ignorent, ou que plutôt ils ont désapprise. C'est la langue terrienne et cadastrale, celle des champs et des aïeux, laquelle, d'un mot spécial, note tous les accidents de terrain, tous les détails du sol, tous les aspects de la patrie et qui, une fois bien connue, dispenserait d'inutiles descriptions les auteurs de récits rustiques.

Charles Nodier, vers 1840, enseignait à l'Académie quelle espèce de vallée est une combe. Alpin au lieu d'être du Jura, il nous eût dit ce que signifie *entrays*, ce qu'est un *tor*, ce qu'est un *plan*, et pourquoi il ne faut pas confondre l'un et l'autre.

Aucun paysan ne s'y trompe : Entrays (*inter aquas*) est forcément une pointe de terre entre deux cours d'eau. Un plan est une plaine surélevée dominant vallées et rivières. Tel le plan d'Entrays dont nous parlons, situé à cent mètres au-dessus des limons de Buëch et des graviers blancs de la Durance. On appelle *tor* un plateau moindre accoté au *plan* comme un palier d'escalier le serait à une terrasse, et quand il y a, sur le flanc de la vallée, plusieurs de ces gigantesques paliers, ils se distinguent par la dénomination de Tor-le-plus-haut, Tor-du-milieu, et Tor-le-plus-bas.

Entrays, au-dessous de son plan, n'a que deux tors.

Sans être de grands savants, nos paysans de Canteperdrix ont peut-être trouvé l'explication géologique de ce plan d'Entrays et des deux tors qu'il domine.

Est-ce pure ingéniosité ou souvenir de quelque tradition lointaine? Mais tous les paysans de Canteperdrix vous raconteront qu'autrefois un lac immense, barré par le roc de la Baume et celui de Champ-Brancon alors soudés, et dans lequel se perdaient les deux rivières, couvrait tout le pays, par-dessus Entrays, au nord de la ville. Puis un jour, sous le poids, le barrage avait cédé. Une brèche s'était ouverte, et les eaux se précipitant, l'immense déversoir s'abaissant, le niveau du lac s'était abaissé aussi, laissant à découvert une première plaine. Des siècles plus tard, nouvelle brèche : une seconde plaine apparaissait, le Tor-le-plus-haut, cette fois ; puis le Tor-le-plus-bas ; jusqu'à ce que, dans une dernière convulsion, la vallée tout entière eût pris sa forme actuelle.

Et le fait est qu'il serait difficile d'expliquer par une autre hypothèse la formation de ces trois plateaux échelonnés, leurs surfaces mathématiquement horizontales et parallèles, la coupe strictement perpendiculaire de leurs flancs taillés droit comme d'immenses murs, et la quantité de galets roulés, pareils à ceux de la Durance, que l'on y rencontre partout.

De temps immémorial, la vallée et le plus bas Tor appartenaient aux paysans de Canteperdrix : champ étroit pour leurs bras, et qui, à les nourrir, suffisait à peine. Aussi regardaient-ils d'un œil d'envie le Tor-le-plus-haut et le Plan.

Avant 89, Entrays, plan et tor, était fief, avec droit de colombier et de garenne, ainsi que le témoignent encore quelques trous à lapins entre quelques maigres touffes de lavande, et une construction ayant apparence de tour, plantée en avant du château, sur la pointe extrême du promontoire, tour que l'on prendrait pour un donjon féodal, vu son site escarpé et sa mine bourrue, sans la triple ceinture de briques jaunes vivement vernissées, qui l'enserrent à mi-hauteur et furent placées là évidemment pour garantir les pigeons seigneuriaux des escalades de la fouine.

Vendu comme bien national en 94, et acheté par un riche bourgeois, le Tor d'Entrays n'avait pas changé de destin en changeant de propriétaire. Le domaine, trop vaste, restait peu ou point cultivé. Il aurait fallu des mille et des mille écus pour le mettre en état.

Parfois le grand-père de M. Blasy, parfois son père y avaient songé; mais, les premiers arbres coupés, les premiers tombereaux de cailloux enlevés, ils s'étaient bien vite arrêtés devant la dépense. Les paysans de Canteperdrix soupiraient, voyant tant de bonne terre perdue.

— Ah! si c'était nôtre! disaient-ils.

Mais quelle joie quand les maîtres d'Entrays, un peu gênés, se décidaient à vendre un coin de leur bien, quand les petites affiches blanches : ÉTUDE DE MAITRE BEINET, *Vente par licitation*, annonçaient la grande nouvelle. Alors, partout dans Canteperdrix, de la Coste à Bourg-Reynaud, au Riou, rue Chapusie, à la Pousterle, chacun par avance choisissait une parcelle selon son cœur, et ces soirs-là, dans les vieux quartiers, vous auriez pu voir bien des calens briller à travers les étroits carreaux passé l'heure; vous auriez pu entendre, quand tout le monde était censé endormi, les tiroirs s'ouvrir discrètement et les écus sonner sur la planche en noyer des familiales tables-fermées.

Ces mises en parcelles de gros domaines deviennent plus communes chaque jour. Les anciens tenanciers, avocats, médecins, notaires, après s'être longtemps entêtés à garder des terres qui les ruinent, ont fini par se fatiguer; et le moment n'est pas loin où tout Canteperdrix appartiendra aux paysans. Nos paysans savent cela et ne se gênent guère pour déclarer que la terre doit être à qui la travaille.

Sur la grand'place, l'été, à l'ombre des ormes; au soleil, l'hiver, le long des remparts; et, quand il pleut, dans le vestibule de la maison commune, les gens de Canteperdrix ont coutume de s'assembler, passé midi, tous les dimanches. Ils causent du temps, des récoltes. C'est là que s'adressent les propriétaires qui ont des travailleurs ruraux à louer. Grève inconsciente, mais d'autant plus terrible, et continuée depuis des siècles.

Sur un terroir en pente, rebelle à la charrue, où les bras font tout, le triomphe tôt ou tard devait rester aux bras. Il n'y a plus que les vieux et les très-vieux qui se souviennent du temps où le paysan se louait quinze sous par jour. C'était le paradis des propriétaires. On les saluait de loin et très-bas. Chaque matin, l'homme de confiance, *le canier*, debout devant la grande table, remplissant les fiasques de piquette aigrie, et, plongeant une fois pour chacun la cuiller de bois dans le pot plein de fromage fermenté : — Toi, Peyre, va-t'en à Toutes-Aures ensemencer les luzernes; toi, Jaume, à Pérésous, aux Aygatières...

Quinze sous par jour! Aussi, mes amis, quelle vie! Le soir, au retour des champs, quand toutes les cheminées fument, ce n'était pas une fumée bien grasse qui montait sur les bas quartiers de Canteperdrix.

Par bonheur, les paysans, de père en fils, avaient

18.

conservé chacun leur lopin de terre ; et ce lopin de terre, si maigre qu'il fût, les affranchit. — « Ayant fait vivre nos vieux, lui dirent-ils, tu nous feras vivre ! » Ils se renfermèrent en lui, et se mirent à l'aimer d'un grand amour.

Tout en travaillant chez les autres, c'est à sa terre que le paysan songeait. La journée finie, s'il était dans le quartier, ses bras se retrouvaient pour lui donner, à cette chère terre, quelques coups de pioche. On vit des enragés qui travaillaient ainsi, de nuit, à la lune. Le dimanche, jusqu'à midi, pas un n'y manquait. Au bout de l'année, tout le monde avait vécu ; du foin dans le grenier, du vin à la cave, autour de la chambre des sacs de blé en procession, et les pièces de quinze sous des propriétaires restaient intactes. Les propriétaires pouvaient venir maintenant : — C'est vingt sous qu'il nous faut, sans quoi nous travaillons pour nous autres. Puis vingt-cinq sous, puis trente sous, puis quarante avec une bouteille de bon vin en plus.

Voilà comment les paysans s'enrichirent, comment les propriétaires se ruinèrent, et pourquoi les paysans s'achètent du bien avec l'argent des propriétaires.

VI

LES PETITS PAPIERS DE L'ABBÉ MISTRE

A six heures du matin, au petit jour, Cadet et le père Antiq étaient depuis longtemps partis, mais notre peintre dormait encore. L'infortuné Balandran cognant à la porte, l'éveilla.

— Excusez, monsieur Estève, c'était pour dire à votre oncle que mademoiselle Blasy se marie...

— Parbleu! fit l'artiste, je le sais bien.

— ... Avec M. Anténor.

— Anténor! Qui ça Anténor?

— Anténor, vous savez, le neveu de l'abbé Mistre.

Et Balandran, tandis qu'Estève s'habillait, raconta comme quoi M. l'abbé, traversant la ville sur sa mule, avait partout annoncé la chose. C'était résolu, conclu, fait! Tellement que l'abbé se trouvant, à cause de ce mariage, forcé de réaliser ses fonds, le traquait, lui Balandran, et avait juré, le matin même, d'être inexorable. Mais Balandran comptait sur le père Antiq, son vieil ami, lequel, d'ailleurs, le Tor d'Entrays ne se vendant pas, n'avait plus de raisons pour refuser...

Hélas! Balandran en était encore à la moitié de son histoire, que déjà Estève avait dégringolé l'escalier, et filait à grands pas dans la rue, heurtant les groupes matinaux des paysans, et prêtant à rire aux commères, qui, sur le bas des portes, du haut des perrons, quelques-unes d'une fenêtre à l'autre, s'entretenaient de l'événement.

Estève ne voyait ni paysans ni commères, et, sorti de la ville, le portail Saint-Jaume dépassé, il ne remarqua pas davantage, quoique peintre, combien le paysage à l'aurore était beau. Le soleil pointait au-dessus des roches, et colorait d'un reflet rose les buis humides, les hièbles frissonnants, et les étendues de lavande. L'air sentait bon. Les deux rivières, comme réveillées, précipitaient leurs flots plus joyeusement. Là-haut, sur le toit du colombier d'Entrays, unique et clair, un rayon brillait.

Bien des fois, sur ses toiles, Estève avait essayé d'exprimer ces choses inexprimables. Bien des fois, n'ayant que des couleurs pour rendre la nature, et ne pouvant traduire ni ses parfums ni ses voix, il lui était arrivé, en face de pareils spectacles, de se décourager, de maudire son art. Il n'y songea point, certes, ce matin. Ce matin-là, sur la nature planait une longue et mystérieuse silhouette : la silhouette d'Anténor; et le frisson des bois, le bruit des rivières, cris d'oiseaux réveillés et battement lointain des moulins et des meules, tout, le long du chemin, semblait prendre une joie malicieuse à répéter sans cesse : — Anténor! Anténor!

Balandran n'avait pas menti; M. Anténor devait réellement épouser mademoiselle Jeanne.

La veille, tandis qu'on festoyait dans la maisonnette du père Antiq, l'abbé Mistre, s'étant invité, dînait à la table de M. Blasy. Repas maussade s'il en fût! Mademoiselle Jeanne, qui, pour sa grande demande en mariage, avait compté sur le tête-à-tête du dessert, s'impatientait et boudait. M. Blasy semblait à la gène. L'abbé Mistre, préoccupé, demeurait rêveur entre deux plats, oubliant parfois de se verser à boire. Le café servi, mademoiselle Jeanne prétexta d'une migraine légère et se retira.

Alors l'abbé Mistre avait sorti des profondeurs de sa soutane les inévitables papiers d'affaires, puis les déposant sur la table, s'était mis, onctueux et discret, à dérouler des plans, à étaler des chiffres.

Depuis longtemps la situation était grave; mais cette fois, il n'y avait pas à dire, M. Blasy se trouvait ruiné, irrémédiablement ruiné. Deux ans auparavant, tout aurait pu s'arranger encore, à la condition que M. Blasy suivît les conseils désintéressés de l'abbé Mistre : diminuer ses dépenses, se retirer à la ville, installer à sa place un brave fermier avec sa famille de travailleurs; associer le travail des autres à son capital, se fier à leur probité pour l'égal partage des récoltes, courber en un mot sa tête de propriétaire foncier sous les fourches caudines du métayage, telle eût été la solution logique, pratique. M. Blasy n'avait pas voulu écouter. Maintenant il était trop tard.

Ce bon monsieur Blasy croyait sincèrement s'être rendu fort utile à son pays, pour quelques conseils d'agronomie transcendante jetés aux paysans railleurs, par-dessus la haie, en passant. Il regardait comme un point d'honneur, un devoir même, de tenir jusqu'au bout son rôle de gentilhomme agriculteur et chasseur. Quoi! ne plus courir le pays la carnassière au dos et le Lefaucheux sur l'épaule! ne plus faire feu de ses souliers ferrés dans les cailloux roulants des pentes? ne plus présider de comices! ne plus acclimater des poules étranges, ne plus exposer des coqs hérissés et bizarres! ne plus décacheter, au cercle, d'un doigt brusque et d'un geste imposant, le *Journal des chasseurs* ou bien la *Revue agricole de la zone de l'olivier!*

C'est à ce jeu que le bon M. Blasy, sans trop s'en douter, avait vu s'écouler sa fortune. Quelques besoins d'argent immédiatement satisfaits, grâce à l'obligeante intervention de l'abbé Mistre; de petits emprunts, puis de gros, les terres peu à peu hypothéquées, tout cela mené sans bruit, avec une discrétion ecclésiastique et notariale; et maintenant c'était la vente, Entrays dépecé bribe à bribe par la fourmilière des paysans.

Il le fallait! L'abbé Mistre n'était point riche. Ne

devait-il pas compte du peu qu'il possédait aux pauvres et à son neveu? D'ailleurs, pour rendre ces petits services, plus d'une fois il avait emprunté lui-même. Les créanciers ne voulaient plus attendre...

Et l'abbé Mistre tripotait ses petits papiers, suivant les additions du doigt, calant avec le carafon de cognac et les demi-tasses, les coins de son plan toujours prêt à se recroqueviller; tandis que, perdu dans d'amères réflexions, le pauvre M. Blasy regardait machinalement, sur le mur de la salle à manger, entre une perdrix blanche et un lièvre noir, — coups de fusil rares! — le grand-duc empaillé qui ouvrait dans l'ombre ses yeux d'or.

VII

MADEMOISELLE JEANNE ACCEPTERA

Les gens qui habitent dans le voisinage d'une fontaine, accoutumés au bruit de l'eau, s'éveillent si, la nuit, elle cesse de couler. Tel M. Blasy sortit de sa rêverie, en s'apercevant que depuis quelques minutes l'abbé Mistre ne parlait plus.

L'abbé Mistre songeait, une main sur les yeux. Puis brusquement il releva la tête :

— « On pouvait s'arranger encore. N'était-il pas là, lui l'abbé Mistre? N'aimait-il pas Entrays comme son propre bien et les Blasy comme lui-même? Ce qu'il voulait, c'était sauvegarder les intérêts d'Anténor. Mais Anténor allait sur ses vingt-sept ans, et mademoiselle Jeanne était accomplie. Pourquoi ne pas s'entendre par un mariage que la Providence indiquait? Le mariage sauvait tout et permettait de tout régler en famille. L'abbé ferait abandon des sommes personnellement prêtées ; il désintéresserait les autres créanciers, vendrait au besoin sa petite ferme, et se retirerait à Entrays, auprès de cet excellent M. Blasy, entre Anténor et Jeanne. »

Pour conclusion : mariage ou vente ! Le père Antiq avait deviné juste ; l'abbé, en cette affaire, jouait double jeu.

La mise en parcelles d'un domaine comme Entrays constituait, dans tous les cas, une spéculation fort productive ; et, quoique peu révolutionnaire de sa nature, l'abbé Mistre, homme de fait avant tout, n'avait jamais hésité à compléter l'œuvre de la révolution en détaillant très-cher aux paysans les biens nationaux détenus par la bourgeoisie.

D'autre part, sa position à Canteperdrix était, en somme, équivoque. Curé sans paroisse, au plus mal avec son évêque, et n'ayant gardé du prêtre que la soutane, il vivait seul à la campagne avec son petit-neveu et sa nièce, madame Ambroise, une forte brune, jadis belle. J'oubliais monsieur Ambroise, mari de la nièce, et père putatif du jeune Anténor. Mais c'était une sorte de paysan vêtu en bourgeois, ivrogne et résigné qui buvait et ne se montrait guère.

Toutes ces choses faisaient sourire ; et les dames de la ville qui allaient volontiers, une fois par hasard, comme en passant, *boire le lait* chez les Mistre, ne les eussent pas, certes, reçus. L'abbé, soit ! par respect pour sa soutane, mais point la nièce.

En s'alliant avec la famille Blasy, si respectée, l'abbé Mistre frappait un coup décisif. Il entrait, lui et les siens, dans la haute société (les villages ont leur haute société), par la grande porte. Soutenu désormais, il poussait Anténor dans la carrière des honneurs : maire, conseiller général, que sais-je encore? Lui-même devenait une puissance et, par avance, il se figurait le jour, jour de délicieuse vengeance ecclésiastique! où son évêque, qui depuis dix ans tenait rigueur, serait obligé de compter avec l'abbé Mistre.

A mesure que l'abbé Mistre parlait, il semblait à M. Blasy qu'on lui enlevât un grand poids de sur la poitrine. Plus d'affiches blanches, plus de ventes, plus de regards railleurs, plus d'hypocrites condoléances. Toutes ses craintes se dissipaient. Il voyait le mariage se faire, Entrays restauré, Jeanne heureuse... Jeanne! Dire que par sa faute à lui, un instant Jeanne s'était trouvée ruinée, réduite au triste état des filles pauvres de province.

— Monsieur l'abbé, monsieur l'abbé, que du moins Jeanne ne se doute de rien!

Et, se versant du cognac coup sur coup, il pleurait et s'injuriait : — Ah! grand enfant! Ah! vieil imbécile!

Puis une idée lui vint : idée affreuse, qui le fit pâlir.

— Mais si ma fille... si Jeanne... ne voulait pas?...

— Mademoiselle Jeanne voudra!

— C'est que, voyez-vous, je connais Jeanne, fit le bonhomme subitement dégrisé et redevenu digne. Sachant nos affaires, elle se sacrifierait, se marierait contre son gré, pour me sauver de la honte. Impossible!... Ecoutez, monsieur l'abbé, Jeanne ignore tout, se croit riche; si elle accepte, bien! Il n'y aura pas dans Canteperdrix père plus heureux que moi. Sinon, vous pouvez vendre. Jeanne restera pauvre, pauvre par ma faute, mais libre... Et que l'âme de sa mère me pardonne!

— Mademoiselle Jeanne acceptera, mon cher monsieur Blasy, dit l'abbé avec un regard fin.

Depuis un moment, il entendait comme un bruit furtif vers la porte; il savait que Jeanne écoutait.

VII

ESTÈVE SE CONSOLE

« ..... C'est la vérité, mon cher ami. Je voulais, quand j'ouvris la porte, brusquer l'abbé, tout dire à mon père. Mais si vous l'aviez vu? Il était comme un enfant devant moi, pâle et tremblant quoiqu'il essayât de sourire. Alors, je n'eus plus qu'envie de pleurer. Il me demandait si j'acceptais M. Anténor pour mari, si je n'aimais personne. Je lui répondis que je n'aimais personne et que j'épouserais M. Anténor. Ne m'en veuillez pas de vous avoir évité, le lendemain, quand vous êtes venu au château ; mais mon père était là, dans la petite allée de groseillers, et je craignais de ne pas être maîtresse de mes larmes. D'ailleurs, à présent, que nous dire? Oubliez-moi, Estève; depuis deux jours j'essaie de vous oublier.

» JEANNE. »

— Eh bien! qu'y a-t-il? interrompit le père Antiq, à qui, le soir, furtivement, tandis qu'il passait devant Entrays, mademoiselle Jeanne avait remis cette lettre.

— Il y a que c'est fini! dit Estève.

Le père Antiq ne comprenait rien à tant de résignation. Doublement furieux du contre-temps : pour son neveu d'abord, mais surtout pour lui-même à cause de la belle occasion de s'arrondir qui lui échappait, il sortit de sa réserve habituelle. On le vit causer dans les rues, sous les couverts, à la grand'place, un peu plus qu'il n'aurait fallu. Les autres paysans le raillèrent, l'accusant d'avoir voulu acheter Entrays et son Tor à lui tout seul; pas trop fort cependant! car chacun, s'il avait sondé sa conscience, eût pu y retrouver les mêmes secrètes ambitions. Les paysans, jusqu'à ce jour-là, s'étaient montrés, à l'endroit du château d'Entrays, sobres de confidences mutuelles. Nul ne voulait avertir l'autre, par crainte de susciter un concurrent. Mais l'affaire une fois réglée et tout espoir de mise en parcelles anéanti, à la Coste, à Bourg-Reynaud, on ne se gêna plus. On se murmura dans l'oreille que le mariage de mademoiselle Jeanne et de M. Anténor n'était pour M. Blasy, ce songe-fêtes, ce mangeur, qu'un moyen de sauver sa fortune. On alla jusqu'à dire qu'il vendait sa fille. Les gens des bas quartiers, attentifs depuis si longtemps à suivre la mort lente de ce grand arbre bourgeois que rongeaient, par-dessous l'écorce, des insectes invisibles, avaient deviné bien des choses que la haute ville, la ville artisane et rentière ne soupçonnait pas.

Estève, lui, fatigué de ces commérages, mit un beau matin sac au dos et s'enfuit du côté de la vallée de Meouge peindre des rochers et des eaux, tranquillement. De nature un peu arabe et rationnellement fataliste, la pratique de la vie l'avait préparé à supporter sans trop de peine les plus vives désillusions. A Aix, comme tant d'autres étudiants, trop pauvre et trop pressé de travail pour se faire une maîtresse, il s'était jeté dans la débauche. Dès trente ans, il se croyait blasé; il n'en conservait pas moins un cœur tout neuf, une imagination naïve, et mademoiselle Jeanne était vraiment son premier amour.

Le coup fut rude pour lui, mais la guérison d'autant plus prompte.

— « C'est avoir peu de chance, pour une fois que j'essaye. Baste ! se dit-il, on n'en meurt pas! »

Maintenant il parcourait, sans trop songer à son malheur, Meouge et ses chemins en corniche tracés à vingt mètres au-dessus du torrent, dans le vif des parois calcaires. Il regardait, d'un œil à moitié consolé, ces grands blocs roulés, ces cascades, l'eau claire sur la roche aride, et, de loin en loin, coupant la vallée à angle droit, une gorge, une double pente verte comblée de noyers et de frênes, et tapissée de prairies si fort en pente, qu'elles avaient l'air de glisser.

Aussi, tandis que, rue du Riou, les paysans s'entretenaient du prochain mariage, que les bourgeois de la ville haute s'agitaient et que les artisans raillaient; tandis que l'abbé Mistre, heureux du prétexte, traquait à mort l'infortuné Balandran; tandis que le père Antiq, mécontent, accablait Cadet de bourrades; tandis que M. Blasy promenait, d'Entrays au cercle, son ami Ambroise, vêtu de neuf, mais toujours gris ; tandis que madame Ambroise, enfin acceptée, remplissait Canteperdrix de son bruit et persécutait les couturières ; tandis que mademoiselle Jeanne dissimulait ses tristesses, et que le bel Anténor, faisant sa cour en règle, lui offrait régulièrement chaque soir d'énormes bouquets, régulièrement flétris chaque matin ; pendant ce temps, on aurait pu voir notre héros s'asseoir, la journée finie, dans quelque auberge villageoise, aux bancs de bois, aux tables luisantes, ou dans quelque moulin des montagnes, ébranlé par la rude secousse de la chute d'eau, et là, philosophiquement, arroser d'un verre de vin du pays une cuisse de chevreau rôtie, une truite pêchée à la main, ou bien un de ces fromages si fins, gardés tout l'hiver dans la neige, et qu'enveloppe une triple couche de lavande en épis et de feuilles de noyer.

Estève songeait parfois à Entrays, à M. Blasy, si bête et si bon, à mademoiselle Jeanne si charmante ! mais c'était sans ennui, avec la sensation de vague et agréable tristesse qui vous reste d'un doux rêve évanoui.

IX

LES ENFANTS SONT FIERS, MAIS LES VIEUX PEUVENT
S'ENTENDRE

Le père Antiq, lui, prenait moins bien la rupture. Sous prétexte de s'intéresser aux affaires de Balandran, il avait causé, beaucoup causé, depuis ces quelques jours, avec l'huissier ordinaire de l'abbé Mistre ; et questionnant en-dessous, sans en avoir l'air, plein de prudence et de rouerie, il avait fini par s'assurer de deux choses. D'abord, que l'abbé Mistre réellement avait en main de quoi provoquer la saisie d'Entrays, que les pièces étaient prêtes, le commandement même libellé. Mais il avait compris aussi que M. Blasy n'était ruiné qu'à moitié et que, bien conseillé, après la vente, étant donné sa maison de la ville et ce qu'on sauverait des griffes des hommes de loi, il pourrait se relever encore. Cela redoubla ses regrets, sa colère. La vue du Tor, disait-il, lui faisait saigner les yeux ; M. Blasy l'exaspérait.

De son côté, M. Blasy n'était pas sans avoir des inquiétudes. Quoiqu'il essayât de se faire illusion, il lui fallait bien s'apercevoir qu'à mesure que le mariage approchait, Jeanne devenait plus triste. Parfois il interrogeait Jeanne. Jeanne souriait, se disait heureuse, mais au fond ne répondait pas.

Un jour, les deux vieux, le père Antiq et M. Blasy, se rencontrèrent. Peut-être se cherchaient-ils, car, le matin même, Estève, revenu de Meouge, avait été surpris par le père Antiq, faisant ses malles, roulant ses tableaux, prêt à partir pour un long voyage ; et le même matin, M. Blasy, réveillé avant l'heure, avait vu dans le jardin, de sa fenêtre, mademoiselle Jeanne qui pleurait. C'est à la Garenade que la rencontre eu lieu.

Un vrai paradis de chasseur, la Garenade, avec ses grands bouquets de bois, ses pelouses semées de lavandes, et ses mille petites cavernes entre les blocs de poudingue éboulé. De tout ce qu'on avait vendu d'Entrays, la Garenade, à cause de ses rochers, était le seul coin qui ne fût pas défriché encore. M. Blasy l'aimait depuis que le mariage de Jeanne avec Anténor était conclu. Il venait y chasser quelquefois, et songeait à le racheter. Assis, le dos contre un arbre, le fusil entre les mollets, ses pieds guêtrés dans l'herbe pierreuse, et regardant en face le soleil couchant, M. Blasy, ce soir-là, réfléchissait.

— Pourquoi Jeanne est-elle triste? Pourquoi pleure-t-elle ainsi toute seule? Si elle ne veut pas d'Anténor, qui donc l'empêche de le dire? Elle se croit riche toujours, à même de choisir, et me sait bon, incapable de la violenter... Peut-être en aime-t-elle un autre ! Un autre ! mais qui, alors ? On n'allait que rarement à la ville, la jeunesse dorée de Canteperdrix ne venait jamais au château...

Puis, se rappelant tout d'un coup Estève, ses visites fréquentes avant le projet de mariage, et subitement interrompues depuis :

— Double brute ! s'écria-t-il.

A ce cri, un lapin attardé, queue blanche en l'air, fila d'un buisson. Emporté par son instinct de chasseur, M. Blasy visa, tira, tua ; et tandis que le chien s'ensanglantait les babines à rapporter la bête morte, M. Blasy se rasseyant, continuait :

— Oui ! double brute, c'est le mot. Double brute, et même triple brute, de n'avoir pas deviné déjà qu'il s'agissait d'Estève !

Au coup de fusil, le père Antiq, qui guettait M. Blasy, apparut.

— Bonsoir, père Antiq, je ne suis pas fâché de vous voir.

— Ni moi non plus, monsieur Blasy. Bien le bonsoir, monsieur Blasy !

— Voici bien longtemps qu'on n'a rencontré votre neveu, père Antiq ?

— Amoureux comme il est, monsieur Blasy, mettez-vous à sa place.

— Amoureux ?

— Amoureux, oui ! Et vous savez de qui, monsieur Blasy, conclut le père Antiq en s'asseyant, lui aussi, dans les cailloux et l'herbe.

Alors une conversation sérieuse et lente commença. M. Blasy dit ses soupçons, le père Antiq ce qu'il savait. Évidemment Jeanne aimait Estève, Estève aimait Jeanne. En ce cas, pourquoi restaient-ils ainsi buttés? Pourquoi ne disaient-ils rien?

— Les enfants sont fiers, monsieur Blasy !

— Oui, père Antiq, les enfants sont fiers, mais les vieux peuvent s'entendre.

X

COMME QUOI LE TOR D'ENTRAYS FUT VENDU.

Les vieux s'entendirent.

Deux ou trois jours après cette conversation, mademoiselle Jeanne était au jardin, regardant ses passe-roses s'effeuiller à la brise matinale et les lourds taons rayés se rouler dans le pollen des fleurs. Quelqu'un sonna, Estève, à qui M. Blasy ouvrit la grille. Estève s'excusa : il partait le soir même pour un long voyage et n'avait pas voulu quitter Canteperdrix sans faire une visite au château. Mademoiselle Jeanne pâlit. Estève semblait embarrassé. M. Blasy se contenta de sourire.

Un peu plus tard arrivait le père Antiq, comme par hasard, sous prétexte de se procurer des greffes.

— Tiens! te voilà mon neveu?... Et bonjour, mademoiselle Jeanne...

Puis, hochant la tête et clignant son œil fin d'un air qui signifiait : Ça marche, tout est prêt! il ajouta :
— Bonjour, monsieur Blasy!

M. Blasy souriait toujours.

On retint le père Antiq à déjeuner. Il résista, alléguant son costume, montrant ses guêtres, mais cela sans conviction, pour la forme : — Enfin ! puisque vous le voulez. Heureusement que j'ai passé une chemise blanche ce matin !

Or il l'avait mise exprès, le brave homme !

Pendant le déjeuner, qui fut long, les jeunes gens parlèrent peu. Ils se boudaient, donc ils s'aimaient encore; et chacun reprochait à l'autre, intérieurement, de s'être, après tout, bien vite résigné. Mais le père Antiq et M. Blasy se montrèrent très-gais, trinquèrent beaucoup et se firent force signes par-dessus les plats. Vous eussiez dit, sauf leur âge, deux écoliers attendant l'effet d'une bonne farce; et je ne jurerais pas qu'au dessert, l'un et l'autre ne fussent pas gris légèrement.

— Voyez, mais voyez donc, monsieur Blasy, on dirait qu'il se passe quelque chose !

En effet, depuis un moment il se passait quelque chose au Plus-bas-Tor. Les paysans, dans leurs parcelles, s'arrêtaient de travailler et regardaient, un pied sur leur bêche, quelqu'un vêtu de noir qui montait le chemin d'Entrays.

Ils s'appelaient, causaient par groupes.

— C'est peut-être la révolution, dit en riant le père Antiq.

— Non ! c'est l'huissier, répondit tranquillement M. Blasy.

L'huissier entra, apportant un papier timbré :

— « L'an 18..., le 19 mars, en vertu de la grosse dûment exécutoire des divers actes dûment passés chez maître Sube, notaire à Canteperdrix, dont copie est jointe à ces présentes, et à la requête du sieur Mistre (Hilarion), prêtre libre... »

Bref, l'huissier déclarait faire commandement au sieur Blasy de, dans trente jours pour tout délai, payer au dit sieur Mistre ou présentement à son huissier, la totalité de ses créances, ajoutant que, faute de payement, il y sera contraint par toutes voies de droit notamment par saisie réelle de ses immeubles et spécialement de la maison où il demeure, hypothéquée et affectée au payement en principal et accessoires du montant des susdites obligations.

— Ma foi ! Jeanne, dit M. Blasy, nous voilà ruinés ! Tu vois que ce n'est pas difficile.

Et comme Jeanne ne comprenait pas :

— Mon Dieu, oui : monsieur votre père, tout cerveau fou qu'il soit, avait deviné vos calculs. Tu te sacrifiais pour moi, tu n'entendais pas qu'on me vendît mes rochers et mes lapinières. La vente ! Mais si Entrays se vend, il en mourra, le vieux bonhomme ! La vente est faite, et le vieux bonhomme n'est pas mort... C'est moi qui l'ai voulu ainsi. Demande au père Antiq, mon complice. C'est moi qui, sans rien dire ai rompu avec les Mistre et les Ambroise. Maintenant, les huissiers sont en campagne, tout Canteperdrix sait la chose. Mes amis cancanent au cercle, et les acquéreurs comptent leurs piécettes.... C'est qu'elle s'obstinait, la petite têtue ! Et tu croyais que j'accepterais ? Allons, Jeanne ! ne pleure pas, avoue que tu avais mal, bien mal jugé ton père, et viens vite lui demander pardon.

Puis, l'embrassant :

— Que me faut-il pour être heureux? Te savoir contente, un chien, un fusil et deux œufs durs dans ma carnassière... Je te demande pardon aussi, Jeannette, de te laisser pauvre par ma faute; mais cela ne fait rien, n'est-ce pas? Celui que tu aimais quand tu te croyais riche, te voudra bien encore aujourd'hui que tu ne l'es plus.

— Estève, entends-tu cela? dit le père Antiq en poussant son neveu du coude.

Estève prit la main de Jeanne :

— Décidément, mademoiselle, il était écrit que ce serait moi qui ferais la demande en mariage.

Cependant, de tous les côtés, au Plus-bas-Tor, on voyait les paysans, assurés cette fois de la nouvelle, quitter le travail à mi-journée et redescendre vers Canteperdrix, pressés qu'ils étaient de se mettre en mesure pour la vente.

— Et vous, père Antiq?

— Oh! moi, mes précautions sont prises!... Tiens! tiens! mais c'est le jour du papier timbré semble-t-il : L'huissier s'arrête, fait signe à un homme, lui donne une feuille. C'est Balandran, parbleu! L'abbé Mistre et sa nièce sont furieux, Balandran passera leur colère.

— Pauvre Balandran! fit en trinquant M. Blasy.

— Eh bien, non! s'écria le père Antiq, je ne sais pas si votre vin vieux m'a grisé... Balandran est mauvaise paye... mais aujourd'hui, vive la joie! je lui prêterai ses cent écus!

LE CLOS DES AMES

A LÉON CLADEL.

LE CLOS DES AMES

I

CE QU'ÉTAIT LE CLOS

Du balcon de sa chambre à coucher, M. Sube voyait tout son clos : la vigne d'abord, très-vieille et mal entretenue, mais qui produisait de si bon vin; puis le réservoir et sa fontaine, un bout de pré, un carré de jardinage, et tout au bas, terminant le domaine et la pente, un champ de sainfoin bien nourri, où les premiers soleils de mai faisaient éclore chaque matin des milliers de fleurs violettes. J'oubliais, tout autour du clos, seize piliers en grès rustique qui, portant des treilles autrefois, avaient dû former un agréable cloître de verdure, et ne portaient plus maintenant que des lierres au lieu de souches avec des grappes de petits grains noirs en place de raisins muscats.

Jamais collégien, dans ses rêves d'école buissonnière, ne rêva clos plus clair, plus riant, plus magnifiquement embroussaillé, ni plus délicieusement inculte que le vieux clos de M. Sube. On l'appelait le clos des Ames. Mais ce nom, dont la physionomie énigmatique va produire sur vous, qui le rencontrez pour la première fois, je ne sais quelle vague impression de terreur superstitieuse et de mystère, ce nom de clos des Ames nous apparaissait à Canteperdrix joyeux, verdissant et fleuri. Nous disions clos des Ames sans savoir pourquoi, la valeur originelle du mot, sa vertu significative, s'étant depuis longtemps effacées, et, loin de garder un arrière-goût funéraire, ces trois syllabes n'évoquaient en nos cerveaux que souvenirs de raisins volés, de poires mangées sur l'arbre, de murs escaladés, de fossés franchis, et d'évasions subtiles par un trou de haie, au temps des cerises.

II

CE QU'ÉTAIT M. SUBE

M. Sube, grâce à son clos, était, ce qui n'est pas peu dire, l'homme le plus heureux de Canteperdrix où il y a tant de gens heureux. Le plus peureux aussi! mais dans nos villes de province un peu de douce couardise n'est-il pas l'assaisonnement obligé de toute félicité bourgeoise?

Cette brave bourgeoisie de France, qui fit un jour 89 et quelque peu aussi 93, en est demeurée toute tremblante. Or M. Sube, bourgeois et fils de bourgeois, catholique pratiquant, ami de l'ordre quand même et respectueux envers le pouvoir établi quel qu'il fût, mais dévoué au fond à la branche aînée pour des motifs qu'il ne s'expliqua jamais bien, M. Sube tremblait depuis sa naissance, naturellement, tel un peuplier d'Italie! Et le soir, au cercle, — quand tous les autres peupliers frissonnants, tous les effarés de Canteperdrix s'agitaient en groupe autour de lui, — d'entendre les chuchotements et les confidences, Lyon en feu, Marseille à sang, les nouvelles terribles coulées dans l'oreille avec cette âpre volupté qu'éprouvent à exaspérer leur terreur les peureux dès qu'ils sont en nombre, d'entendre ce bruit confus de voix qui tenait du bruit du feuillage, quelqu'un eût dit positivement les bords de la Durance par un beau coup de mistral.

Pour M. Sube, la république était une forme de gouvernement sous lequel les honnêtes gens cachent leur or en terre; et la belle aurore de 1848 ne lui rappelait, en fait d'impressions personnelles, que deux journées particulièrement maussades qu'il passa au fond d'un grand tonneau. Ce tonneau s'émaillait, il est vrai, d'un superbe revêtement de tartre, violet comme une bague d'évêque, plus dur qu'un diamant et taillé à facettes, dont les curieuses cristallisations, où dansait la lumière du soleil, auraient réjoui l'œil d'un artiste. Par malheur, tout entier aux préoccupations de l'heure présente, M. Sube n'avait pu apprécier ceci qu'imparfaitement.

III

SUBE LE BLANC ET SUBE LE ROUGE

Et cependant le propre père de M. Sube, *Sube le Rouge*, comme on l'appelait, avait en sa verte jeunesse travaillé aux œuvres de la révolution. Mais personne à Canteperdrix ne se doutait plus de ces choses. Sube le Rouge, d'ailleurs, s'était repenti, une fois riche. Les grandes guerres de l'empire emportèrent et roulèrent bien des souvenirs. La restauration, sur le peu qui restait, déposa sa couche de fin limon. Un grain de dévotion placé à propos, quelques alliances avec des hobereaux ruinés achevèrent de faire oublier le passé du vieil huissier révolutionnaire. Portant les boucles d'argent, le petit tricorne et la grande canne, ce vieillard apparaissait pur comme un lis, et M. Sube fils croyait avec tout le monde que si monsieur son père avait été surnommé *Sube le Rouge*, c'était uniquement pour la couleur de ses cheveux, lesquels, très-bruns jadis, étant, à la fin de ses jours, devenus d'une vénérable couleur blanche, rendaient plausible cette supposition.

D'ailleurs, au moment où se passe cette histoire, depuis longtemps Sube le Rouge était mort.

IV

UNE VIEILLE MAISON

A Canteperdrix les gens disaient : — « La maison Sube, vieille maison ! » Il faut savoir qu'en province une vieille maison, fût-elle achetée d'hier, projette toujours sur qui la possède certain reflet d'aristocratie. Chaumette lui-même ou Maximilien de Robespierre n'y habiteraient pas une vieille maison impunément. Au bout d'une semaine, Robespierre et Chaumette auraient le salut des marguilliers. Or le pieux M. Sube n'était pas Chaumette, et le pavillon du clos, en revanche, possédait au plus haut degré les caractères qui font révérer les vieilles maisons à Canteperdrix.

Petite porte basse à physionomie conventuelle, corridor sonore et de blanc crépi où semblait errer encore un écho discret du pas des tourières, escalier étroit où le visiteur, à chaque palier, se colle le nez contre de rébarbatifs portraits de famille, grandes chambres où se promènent tous les courants d'air d'avant 89, plancher briqueté, plafond à solives, hautes cheminées, immenses fenêtres garnies de microscopiques carreaux, et, du haut en bas, à tous les étages, y compris la cave et le galetas, un fouillis d'antiquailles et de vieux meubles : fauteuils à pieds droits, sophas à jambes torses, bahuts marquetés, des faïences, des tapisseries, tous les temps coudoyant tous les styles, un cadran rococo, un prie-Dieu renaissance, une sphère en carton du temps des encyclopédistes, voilà, certes, plus qu'il n'en fallait pour qu'au regard de la société du lieu, la maison de M. Sube passât pour une des plus vieilles maisons de la bonne vieille bourgeoisie.

Hélas ! si on avait su que ces portraits, où le naïf orgueil du propriétaire aimait à reconnaître le sang des Sube, si on avait su qu'ils étaient en exil sur les murs ! Si on avait su que ces meubles vénérables, ces chenets de cuivre usés et polis par des bottes d'autrefois, ces fauteuils où se reconnaissait au creux de la tapisserie la trace du dos des ancêtres, si on avait su que toutes ces choses, ravies dans les châteaux ou disputées aux enchères des bandes noires... si on avait su que le clos des Ames lui-même, habitation sacrilége bien que confortable !... Mais, nous l'avons dit, personne à Canteperdrix n'en savait rien, M. Sube fils moins que tout autre, et c'est avec candeur qu'enseveli jusqu'à sa perruque dans un voltaire en velours d'Utrecht provenant du dépeçage d'un château, M. Sube parfois tonnait de sa voix douce contre les révolutionnaires de 89 et les pillards de 93.

Chacun applaudissait à ces sorties de M. Sube. Seul, discrètement, M. Tirse, l'archiviste paléographe, souriait. Mais qui jamais a prêté attention au discret sourire d'un ami, cet ami fût-il archiviste-paléographe?

V

MUSÉE TIRSE ET SALLE SUBE

M. Tirse, on le devine, connaissait les mystères du clos des Ames ; seulement, par amitié pour M. Sube, il n'en disait rien. Ce fut pourtant M. Tirse qui, sans le vouloir, causa la fin tragique de M. Sube.

Voici comment :

Un matin, en réfléchissant, M. Tirse s'aperçut que la ville de Canteperdrix était sans musée, et soudain il s'arrêta à la pensée d'en fonder un. On l'appellerait le *Musée Tirse*. — « Là, disait-il, seront déposés et classés dans leur instructive progression, avec le nom des donateurs en grosses lettres, les haches en silex des vieux Celtes, les outils en cuivre gallo-romains, les médailles, les trépieds, les petits bronzes, les lampes phalliques ou non phalliques, les statuettes grecques, les fragments moyen âge, les curiosités des xve et xvie siècles, enfin tous les précieux témoignages d'autrefois que la pioche du paysan fait jaillir chaque jour du sol cantoperdicien, et qui, faute d'un lieu pour les recevoir, vont se dispersant entre des mains ignorantes ! »

Ce projet de M. Tirse obtint le succès le plus vif; le préfet s'y intéressa, le maire offrit un local; chacun, à Canteperdrix, tint à honneur d'y apporter quelque morceau rare, et M. Sube, entraîné par l'exemple, promit tout ce que renfermait de curieux. le pavillon du clos, à cette condition pourtant qu'une des vitrines du musée Tirse porterait le nom de *salle Sube*.

VI

VOYAGE DE DÉCOUVERTES

Jusqu'à ce jour, M. Sube n'avait pas vu sa maison. Sur les natures simples et dénuées de curiosité comme était la sienne, l'impression produite par les objets extérieurs, purement physique, s'émousse par l'habitude. M. Sube possédait une fontaine sous son balcon, et, sans être devenu sourd, depuis longtemps il n'entendait plus sa fontaine. De même, il avait fini par vivre, sans les voir, au milieu des objets antiques, mystérieux et bizarres dont le pavillon était encombré.

Aussi que de surprises l'attendaient, cette âme candide et si longtemps endormie, dans le voyage de découvertes entrepris, pour la plus grande gloire du musée Tirse, autour d'une vieille maison! Que de remarques, que de doutes, que d'interrogations singulières!

Pour la première fois de sa vie, M. Sube observa la fantasque diversité d'époques et de styles qui bigarrait son mobilier. Mais cette diversité même ne caractérisait-elle pas dignement un mobilier bourgeois amassé pièce à pièce, conservé toujours et toujours accru par dix générations de Subes?

Certaines tentures trop étroites ne recouvraient pas exactement leur pan de mur; plus courts et plus longs que les tringles, quelques rideaux n'étaient pas de mesure. M. Sube s'expliqua ceci en réfléchissant que tringles et rideaux pouvaient provenir d'héritages.

Au dos armorié des fauteuils, sur les cachets de l'argenterie, M. Sube découvrait des chiffres et des blasons de mille sortes. M. Sube en conclut — non sans vanité — à d'innombrables alliances nobles, dont le souvenir se serait perdu.

Et découvrant à ses portraits d'ancêtres certains airs de hauteur aimable chez les hommes et de grâces hautaines chez les femmes qu'il n'avait jamais vus dans son miroir lorsqu'il se rasait, ni sous la coiffe à canons de la tante Ursule, M. Sube s'avoua que, dans l'air empesté de l'incrédulité moderne, les vieilles races dégénéraient, et il prit texte de la chose pour maudire une fois de plus cette abominable Révolution.

Un fait pourtant troubla M. Sube : ce fut de voir la bibliothèque personnelle de son père, du vénéré Sube-le-Rouge, bourrée jusqu'aux solives des plus infâmes productions du siècle dernier. Car il y avait là l'*Encyclopédie*, le *Dictionnaire philosophique*, les livres de Diderot, d'Helvétius, de Lamettrie, Dupuis et l'*Origine des Cultes;* il y avait, le dirai-je? *le Compère Mathieu* lui-même à côté des *Ruines* de Volney; et, sur la haute corniche, comme les génies du lieu, un Voltaire et un Rousseau en plâtre. M. Sube remuait tous ces objets d'une main désormais tremblante et, voyant s'enlever la fine poussière amassée sur le nerf des reliures et la tranche rouge des livres, M. Sube, par je ne sais quel pressentiment, se sentait le cœur étreint d'angoisses inexprimables. Un remords s'éveillait en lui, remords étrange d'un crime qu'il ne se rappelait pas avoir commis.

Tout à coup, d'entre les feuilles d'un *Zadig* qu'il époussetait, un papier glisse, et M. Sube ayant déplié ce papier tombe d'un bloc dans son fauteuil, effaré, la lèvre pendante, devinant plus qu'il ne lisait, s'essuyant de la main gauche ses yeux pleins de larmes, tandis que dans sa droite le vieil acte couvert d'une ferme écriture et liseré de jaune sur les bords s'agitait avec le frémissement d'ailes et le doux bruit que font les papillons de vers à soie quand ils grainent.

VII

LE SOURIRE DE MONSIEUR TIRSE

Alors, M. Sube se rappela le sourire de M. Tirse. Et ce sourire du paléographe, sourire doux, discret et compatissamment railleur, M. Sube croyait le voir partout : aux têtes sculptées des consoles, aux petits culs-nus des trumeaux, aux rosaces du plafond, aux plis grimaçants des rideaux, aux tapisseries, et tous ces sourires semblaient lui dire :

Acquéreur de biens nationaux!
Spoliateur de la noblesse et du clergé!
Détenteur de l'argent des morts!

Monsieur Sube, pour chercher une consolation, leva les yeux sur le portrait de son père. Hélas! la belle figure de Sube-le-Rouge, si calme d'ordinaire dans son ovale de poirier noir, la figure de Sube-le-Rouge elle-même souriait du sourire de M. Tirse. Or, voici ce qui la faisait sourire, voici ce qui remplissait de larmes les yeux du malheureux M. Sube-le-Blanc!

VIII

DOMAINES NATIONAUX

Extrait du registre　　　　　　　　　　　*Vente*
　des Ventes.　　　　　　　　　　　　　*n° 342.*

Du troisième jour complémentaire an III de la République une et indivisible, nous, administrateurs du département, pour et au nom de la République et en vertu de la loi du 28 ventôse dernier; en présence du citoyen Trotabas, commissaire de la Convention nationale, avons, par ces présentes, vendu et délaissé dès maintenant et pour toujours au citoyen Sube Anacharsis Eudore, dit Le Rouge, de la commune de Cantèperdrix, à ce présent et acceptant pour lui et ses héritiers, le domaine national dont la désignation suit, savoir :

Le Clos dit des Ames *seu Purgatoire*, ci-devant appartenant à la ci-devant confrérie des *Ames du Purgatoire*, lequel clos de la contenance de 2500 cannes confronte du levant, le chemin; du midi, les aires publiques; du couchant et du septentrion, la rivière.

Ledit clos est vendu avec ses servitudes actives et passives, franc de dettes et redevances, notamment de tout entretien d'oratoire, de toute obligation de messes, prières, processions et autres pratiques superstitieuses dont la

République venderesse déclare l'acheteur pour toujours exempt et déchargé.

Cette vente est faite aux dites conditions moyennant la somme de six mille soixante-cinq francs calculés conformément à l'article 5 de la loi du 28 nivôse dernier, savoir : deux mille livres en numéraire, et quatre mille soixante-cinq livres, valeur fixe en mandats et assignats à trente capitaux pour un.

Signé :

Sube (Eudore Anacharsis)
Trotabas, commissaire, etc., etc.

IX

LE CHAMP DE SAINFOIN

« Clos dit des Ames *seu Purgatoire!* » se répétait avec terreur le pieux et infortuné M. Sube, tandis qu'au cercle les fondateurs du Musée, réunis en commission préparatoire, n'attendaient que lui pour inaugurer leurs travaux.

On avait ouvert la séance à midi. — « Sube est bien long avec ses antiquailles! » murmura le secrétaire lorsqu'il entendit sonner une heure. A deux heures moins dix, M. Tirse perdit patience et prenant son chapeau et sa canne, il se dirigea vers le Clos.

Arrivé devant la porte du pavillon, M. Tirse, vaguement inquiet, souleva le heurtoir représentant un dauphin de bronze qui se cognait la tête sur un gros clou. Le heurtoir retomba, le dauphin se cogna la tête, un bruit formidable roula un instant, puis mourut dans les profondeurs du corridor, mais personne ne répondit.

Bien que discret naturellement, M. Tirse prit sur

lui de presser le loquet et de pousser la porte. Personne encore !

M. Tirse monte au premier étage : salon grand ouvert, livres bouleversés, meubles en désordre, et, sur le parquet, devant le fauteuil, à côté de la calotte de M. Sube, un vieux papier, l'acte fatal, tragiquement froissé et mouillé de larmes !

M. Tirse devina. Sans réfléchir aux sentiments religieux de son ami Sube, d'abord il crut à un suicide. L'air lui manquant à cette pensée, il se dirigea vers le balcon.

O surprise ! O bonheur ! Là-bas, tout au bout du Clos, dans le petit champ de sainfoin, M. Sube allait et venait.

M. Tirse s'appuya au mur et respira. Pourtant, la première joie passée :

— Que diantre ! se dit-il, fait mon ami Sube à cette heure gesticulant ainsi au milieu d'un champ de sainfoin ?

— « Hé ! Sube ! Sube ! Monsieur Sube !!! » A cet appel, les lierres du Clos s'agitèrent, un moineau qui buvait à la fontaine s'envola, mais ni Sube ni M. Sube ne répondirent.

Alors, M. Tirse descendit au Clos où M. Sube se promenait toujours.

Arrivé à quatre pas de M. Sube, M. Tirse s'arrêta dans le sainfoin : — « Bien le bonjour, Sube ! » dit-il. Sube regarda son ami, mais n'eut pas l'air de le reconnaître. Interloqué, M. Tirse s'inclina; puis, saisissant son feutre gris par le haut de la forme, il le souleva perpendiculairement au-dessus de sa tête, de toute la longueur du bras, et le laissa retomber en place d'après les lois ordinaires de la pesanteur. C'était là sa manière de saluer.

M. Sube, hélas! resta insensible à cette politesse.

Tête nue au soleil et sans plus regarder M. Tirse, M. Sube foulait à grands pas son sainfoin. Brindilles vertes et fleurs violettes s'écartaient à chaque enjambée, et chaque fois, une nuée d'abeilles en colère, jaunes de pollen, ivres de miel et de lumière, s'enlevaient et tourbillonnaient autour de la tête de l'importun.

Et M. Sube soupirait :

— « Vade retro!... Vade retro!... Les entendez-vous qui bourdonnent?... Elles me réclament leur clos... Ce sont les âmes du purgatoire! »

M. Tirse pleura sur son ami. D'un coup de soleil printanier compliqué de monomanie religieuse, le propriétaire du clos des Ames, M. Sube, était devenu fou.

LA MORT DE PAN

A HIPPOLYTE BABOU.

LA MORT DE PAN

Vous connaissez l'étrange récit que fait Plutarque, en son livre *Des Oracles qui ont cessé* :

« Le vaisseau du pilote Thamus étant un soir vers
» certaines îles de la mer Égée, le vent tomba tout à
» coup. L'équipage était bien éveillé, partie buvait,
» partie s'entretenait, lorsqu'on entendit une voix
» qui venait des îles et qui appelait Thamus. Thamus
» ne répondit qu'à la troisième fois, et la voix lui
» commanda, lorsqu'il serait entré en un certain lieu,
» de crier que le grand Pan était mort. On fut saisi
» de frayeur, on délibéra si on obéirait à la voix.
» Thamus conclut que s'il faisait assez de vent pour
» passer l'endroit indiqué, il se tairait; mais que si
» le vent venait à manquer, il s'acquitterait de l'ordre
» qu'il avait reçu. Il fut surpris d'un calme au lieu
» où il devait crier; il le fit; aussitôt le calme cessa,

» et l'on entendit de tous côtés des plaintes et des
» gémissements comme d'un grand nombre de personnes affligées et surprises. »

Eh bien, non! malgré Thamus et Plutarque, et malgré cette belle histoire qui, au dire de Rabelais, tirait des œilz de Pantagruel, larmes grosses comme œufz d'austruche, non, le grand Pan n'était pas mort. J'en sais quelque chose — moi qui vous parle — ayant eu cette joie, en pleine Provence catholique et dix-huit siècles après Tibère Cæsar, d'offrir au dieu un sacrifice sur son autel rustique et toujours vénéré.

Je me hâte d'ajouter qu'à l'exemple de la Minerve des *Païens innocents*, se cachant en robe de bienheureuse sous les oliviers du Minervois, mon pauvre chèvre-pieds, quand je le découvris, dissimulait ses cornes sous une auréole, et en était réduit à l'humble état de saint de campagne.

*
* *

Le singulier saint que Saint Pansi, et quel joyeux pèlerinage!

Pour arriver à sa chapelle, on montait au soleil, des heures et des heures, par un sentier tracé des chèvres et que chaque orage effaçait. Aussi parfois le perdions-nous, ce chemin sacré, dans les galets des torrents à sec et parmi les pierrailles des pentes. Alors le cortége s'arrêtait; les garçons embrassaient les filles, et c'était une joie, des rires! Mais le sentier se retrouvait bientôt, visible à peine et rayant d'un mince trait l'escarpement des ravines, ou marqué largement, sur un plus fidèle terrain, au travers des sauges en fleur, des marjolaines et des buis.

Puis à un tournant, dans une échappée, entre la roche aride de Peyrimpi et la croupe de Lure neigeuse et sombre, un monticule apparaissait, et sur le monticule, tout au bout, reluisant comme un éclat de vitre au soleil, la chapelle blanche de San-Pansi.

Et *zou!* les enfants, à San-Pansi!

Devant la chapelle, une esplanade taillée dans le roc aplani, piquée de mousses, d'herbes maigres; et au milieu, entre deux chênes, reste probable d'un bois sacré, un bloc de grès rouge creusé d'un trou.

La chapelle était au curé, le bloc de grès rouge à l'ermite. Le curé regardait le grossier monument d'un œil d'envie, et l'ermite n'eût pas donné sa vieille pierre pour la chapelle.

Car le maître à San-Pansi, grand prêtre et sacrificateur, ce n'était pas le curé, c'était l'ermite.

Œil mi-clos, face enluminée, avec sa barbe en

pointe presque aussi rouge que sa face, cet ermite, disaient les vieilles, vous avait un air de païen.

Pour costume, une défroque d'abbé; mais la défroque, depuis longtemps, avait perdu son apparence première. Tombant droit et veuve de ceinture, déchirée à tous les buissons, effrangée aux pointes des cailloux, tordue par le vent et fripée par la pluie, la soutane flottait en plis superbes qu'eussent enviés toge ou peplum. Quant au chapeau, privé comme il était de ces coquettes petites brides qui relèvent catholiquement les bords des coiffures ecclésiastiques, amolli d'ailleurs et repétri dans la vieillesse et la tempête, il eût fort bien, avec ses bords tombants où la coiffe se confondait, figuré sur la tête d'un chevrier sicilien ou d'un pâtre d'Ionie.

L'ermite, d'ordinaire, vivait tout seul sur son roc, avec une chèvre à demi sauvage. Mais comme — suivant la tradition immémoriale de ses prédécesseurs à San-Pansi — il joignait aux fonctions sacrées le rare métier de hongreur, deux fois par an on le voyait, au printemps et en automne, descendre dans la vallée, soufflant de ses lèvres ironiques dans les quatorze trous de sa flûte en laiton.

Velu comme un bouc, puant et cynique, si vous l'aviez vu en train de boire, un jour de fête, de quelle humeur il recevait les processions qui, l'une après l'autre, tout le matin, montaient du fin fond des vallées!

— « Bon! ceux de Noyers... ceux de Ribiers »,

grognait-il, entendant chanter. Puis, sa moustache essuyée d'un revers de main :

— « *Pichoun aganto la campano.* »

Et le voilà parti à travers la pente, barbe au vent, soutane retroussée, tandis que le pauvre *clerson* essoufflé, perdu dans les buis d'où sa tête à peine sortait, le suivait de loin en remuant sa grande cloche.

— « *Qué te n'embarre de bestiari!* » disait l'ermite, en revenant s'asseoir pour boire, jusqu'à ce qu'une autre procession arrivât.

*
* *

Mais toutes les processions rentrées, la messe une fois dite, et le curé descendu au village :

— « Ici, les enfants! » criait l'ermite.

Et, debout devant le vieil autel, avec je ne sais quoi de religieux dans son œil cynique, il inaugurait gravement une étrange et païenne cérémonie.

Ne dites pas que ceci est faux, ne le dites pas, car je l'ai vu! J'ai vu les gens, enfants et filles, tomber sur le roc à genoux, tandis que le soleil rougissait d'un reflet dernier les pierres de l'autel et la face sereine de l'ermite. Je me suis prosterné comme eux, comme eux j'ai offert le miel et le fromage, et comme eux — ne riez pas trop! — j'ai frotté mon ventre au grès sacré qui rendait les filles fécondes et les garçons vigoureux.

J'avais huit ans alors; et plus tard, en mes heures d'adolescence, quand le professeur à propos d'Horace nous parlait de Pan ou de Faune, des satyres amis des montagnes ou des sylvains qui peuplent les bois, ma pensée tout à coup s'envolait vers l'ermitage, et je revoyais l'humble autel, la rustique cérémonie, les gâteaux de miel roux, les fromages pressés entre des feuilles odorantes, et le sourire de l'ermite pontifiant dans les rayons du soir.

* * *

Cette impression, instinctive d'abord, se changea plus tard en certitude, et je finis par me convaincre logiquement que la chapelle de San-Pansi était bien le refuge agreste à l'abri duquel le pauvre dieu spolié avait pu, parmi les rocs et les bois, traverser, sans être inquiété, les durs siècles du moyen âge.

Un jour même, déjeunant avec des curés, chez l'ermite (j'étais alors frais émoulu de l'université et tout fier de ma jeune science), j'engageai à ce propos avec le vieux desservant de Bevons une intéressante discussion pagano-archéologique :

— Ainsi donc, monsieur le curé, vous ne savez rien de votre saint, si ce n'est qu'il s'appelle Pansi et qu'il guérit de la colique?

— D'abord, mon saint est un saint local, répondit le brave homme en se versant à boire; on ne le trouve, il est vrai, sur aucun calendrier, mais, à défaut de titres écrits, il a pour lui la vénération de cinq vallées, une tradition séculaire et constante, et ce n'est pas le premier exemple d'un grand bienfaiteur, d'un saint de campagne, canonisé aux siècles de foi par la reconnaissance publique et justement vénéré encore, lorsque, à travers les révolutions et les âges, tout monument de son existence s'est perdu.

— Sans doute, monsieur le curé; et pourtant ce ne serait pas non plus la première fois qu'un dieu de l'antiquité païenne, un de ces démons que le Christ vainqueur chassa des temples, serait parvenu sous un sacrilége déguisement à usurper un reste d'encens et de culte.

Ici le vieux prêtre ouvrit les yeux curieusement.

— Vous savez sans doute mieux que moi, monsieur le curé, que la vieille religion, reléguée loin des villes, conserva longtemps, dans les campagnes, au sein des vallons, sous l'ombre des bois, ses autels cachés et ses mystères.

— Passez!... passez!... murmura le curé; mais où prétendez-vous en venir?

— A constater ceci tout simplement : que votre San-Pansi n'est autre que Pan, que vos paroissiens sont des idolâtres, et que vous vous trouvez — sans le savoir, j'aime à le croire — grand prêtre du dernier des faux dieux.

— Bravo! bravo! monsieur le savant, s'écria l'ecclésiastique assemblée. Car on est toujours un peu jaloux entre prêtres, et plus d'un, en son cœur, se réjouissait de l'embarras que le bon vieux curé, métropolitain de San-Pansi, laissait voir.

Dans la porte toute grande ouverte pour donner du jour au rez-de-chaussée sans fenêtre, un merveilleux paysage s'encadrait : à droite, à gauche, Jabron et Buech, avec leurs minces filets d'eau traçant sur leurs lits de cailloux blancs, larges d'une demi-lieue, une imperceptible ligne noire; les Alpes au fond; et plus près de nous, Lure couchée et sa grande croupe qui barrait le ciel.

— Regardez, disais-je, regardez là-haut, sur Lure, cette entaille à peine visible qui tranche l'arête de neige : c'est *le pas des Portes*. Par là passait la voie romaine, et par là, sans doute, avant les Romains et leurs larges routes pavées, lorsqu'il n'y avait qu'un étroit sentier, descendirent les premiers colons grecs apportant avec eux l'olivier et les dieux du pays de lumière.

Du *pas des Portes*, la route les dirigeait ici; et quand, arrivés sur le monticule où nous sommes, ils virent autour d'eux le cirque que nous voyons, mais combien plus majestueux encore : immense, couvert de forêts, alors que ces montagnes aujourd'hui sans verdure faisaient de toutes parts jaillir les eaux vives de leurs sources, et que ces ravines arides, dont le soleil ronge la marne, résonnaient sous les chênes du bruit perpétuel des cascades, vous étonnerez-vous que, saisis d'abord d'un religieux respect, ils aient voulu, par-dessus le front des bois, dresser un autel au grand Tout, au dieu en qui se personnifiait l'âme des choses, à Pan, image et représentation de la nature, bienfaisant et formidable comme elle, fait comme elle d'ombre et de jour, divin par sa face resplendissante, et lié à l'animal par ses jambes de bouc, son poil rude et ses cornes? Vous étonnerez-vous?...

— Et les voilà bien nos docteurs à la mode, s'écria le curé en m'interrompant, parce qu'ils auront quelque part découvert un endroit commode pour un temple, ils vont, ils vont, leur tête se monte... Mais, à ce compte, vous pourriez supposer un autel païen sur tous les rochers de la contrée.

— Oh! que nenni, monsieur le curé; tous les rochers de la contrée ne sont pas, comme celui-ci, centralement placés et visibles de partout; tous ne figurent pas un piédestal naturel, fait pour tenter un peuple artiste; tous, enfin, ne portent pas, reconnaissable encore, le nom d'un dieu; car, à défaut même d'autres preuves, il serait permis de supposer que le nom grec de Pan s'est, sur de grossières lèvres campagnardes, transformé en celui de Pansi, tandis que le dieu lui-même, le dieu de la nature créatrice et de l'universelle génération, devenait peu à peu dans d'étroits cerveaux, San-Pansi, le bon San-Pansi, qui donne aux femmes la fécondité et guérit les enfants de la colique. Les preuves, d'ailleurs, ne manquent point...

— Voyons, monsieur, voyons ces preuves.

— N'insistons pas trop sur le vieil autel, il est pauvre, rongé du temps, et sans doute vous récuseriez son témoignage. Mais n'est-ce pas une preuve aussi que ce nom de *Peyrimpi*, pierre impie, qu'a la montagne dont San-Pansi n'est qu'un chaînon? Et le nom ne fut-il pas excellemment donné par les premiers prêtres chrétiens à ce nid de païens incorrigibles?. Les inscriptions grecques trouvées à deux pas d'ici, faut-il que je vous les rappelle :

| HEROPHILE, GRAND PRÊTRE DE MERCURE ET ILLUSTRE FILS D'HOPILE... | etc... Or, Pan était fils de Mercure, et souvent leur culte se confondait. Les preuves? Mais elles sont partout: dans l'image de votre saint que je vois portant la houlette, barbu et cornu, comme Moïse, direz-vous, et je dirai, moi, comme un satyre; dans la date de votre fête, qui se trouve tomber précisément à l'époque des lupercales; dans les grappes d'hyèble sanglant dont ces enfants là-bas se rougissent le visage comme faisaient les prêtres du dieu; dans les maux que guérit San-Pansi avec sa pierre; dans ces offrandes de miel et de laitage, conformes au plus pur rituel païen; elles sont enfin, terminai-je en riant pour ne pas envenimer la querelle, elles sont éclatantes et visibles surtout dans la figure de votre ermite, qui, par une harmonie singu-

lière entre ce qui fut et ce qui est, m'apparaît précisément la vivante image du dieu : velu comme lui et rappelant par son poil dru les végétations qui couvrent la terre, rouge et luisant de visage pour signifier l'éclat du jour. Il n'a, il est vrai, ni jambe de bouc ni sayon de peau tigrée d'étoiles ; mais, au fait, je n'ai jamais bien examiné les pieds du gaillard sous sa soutane ; et les mille trous, les taches sans nombre dont elle est parsemée peuvent, aussi bien que les bigarrures d'une peau de bique, symboliser les constellations qui peuplent le ciel.

Tout le monde rit à cette conclusion imprévue, le curé comme les autres, et l'ermite lui-même. Mais un petit abbé qui se trouvait là, tournant vers moi, sans lever les yeux, sa pâle figure ultramontaine :

— Monsieur, dit-il, je vous félicite. Tout ceci est fort doctement et fort ingénieusement conjecturé. Dom Carbasse, l'honneur de son ordre, et qui mérita, au siècle dernier, d'être surnommé le destructeur des faux saints, vous envierait cette magistrale procédure canonique.

— Pure plaisanterie... monsieur !...

— Non pas, non pas ; il en reste encore, il en reste trop, après dix-huit siècles, de ces superstitions mal extirpées, qui sont pour l'Église un scandale et pour certaines gens matière à honteux profits.

Là-dessus le bilieux petit abbé se levant, jeta au pauvre ermite qui desservait la table un long regard,

regard de prêtre, passionné, tenace et froid, où se pouvait lire toute la haine que nourrit le clergé de campagne contre la tumultueuse et joyeuse bohême des frères libres de Saint-François.

.*.

Dix ans plus tard, une après-midi de ce mois, les hasards de la promenade m'ont conduit du côté de San-Pansi.

Quels changements j'y ai trouvés ! Murs recrépis, chapelle neuve, une cloche dans un clocher... Ce n'était plus l'ermitage d'autrefois, criblé de crevasses et de trous et tout verdi par les petites grappes des plantes grasses, où, d'après le dire des mauvaises langues, l'ermite, chaque matin, tapait de sa clef sur une tuile pour sonner la messe aux lézards.

— Terrible ! frère Terrible ! criai-je; car, j'avais oublié de vous le dire, l'ermite s'appelait Terrible de son petit nom.

A ma voix, Terrible apparut; mais rasé, sans poil, méconnaissable, avec cette allure particulièrement résignée qui caractérise les chiens tondus. Terrible portait chapeau luisant, roide soutane, et, que San-Pansi me pardonne ! je crois même qu'il ne sentait pas le vin.

Comme je m'affligeais de le voir ainsi, il me raconta une histoire lamentable :

Le vieux desservant était dans l'enfance, et un petit

vicaire qu'on lui avait adjoint (l'abbé du déjeuner, sans doute), tyrannique et sec, menait tout. Fanatique pour Rome, exclusivement dévot à la Vierge, dès les premiers jours on devina qu'il aurait San-Pansi en horreur. Il voulait d'abord abolir ermitage et pèlerinage.

Mais les villageois résistèrent. Lui, cependant, bouleversait tout, gâchant le plâtre et recrépissant. Il remplaça par un tableau fabriqué tout frais à Paris, représentant je ne sais quoi et puant encore la peinture, la toile immémoriale où se voyait le grand San-Pansi avec la houlette, parmi les arbres, au milieu des chèvres, sous un ciel bleu parsemé d'étoiles d'or. Il rasa l'ermite, il lui imposa chapeau net et soutane propre. Puis un matin, parlant en chaire, il annonça aux fidèles stupéfaits, mais vaincus par ce coup d'audace, que San-Pansi désormais ne s'appellerait plus San-Pansi, que ce Pansi était un faux saint, qu'on ne lui devait aucun culte, et qu'à la demande expresse de Monseigneur, N. S. P. le pape venait, honneur insigne ! de placer la chapelle purifiée et restaurée sous l'invocation de Saint Pie.

— Saint Pie ! Saint Pie !... qui connaît ça ? conclut le vieux satyre en haussant les épaules.

— Mais les fromages ? les pots de miel ?...

— Interdit, comme tout le reste !

Et me montrant l'autel de grès :

— Vienne la fête, et s'il y pense, l'enragé m'enverra ma pierre rouler là-bas dans le vallon.

Pauvre vieux sacrificateur ! Des larmes luisaient dans son œil, et je le surpris portant au menton sa main crispée pour tirer une barbe rouge qui n'y était plus.

Nous nous quittâmes navrés, et sans boire.

Je redescendais la colline, et tandis que fuyaient devant mon bâton les cailloux du sentier, sonores et coupants comme des fragments de brique, tout à coup, songeant à cette fin misérable d'un dieu :

— Oui, Pan est mort, bien mort !... m'écriai-je.

A ce cri, un oiseau s'envola dans l'air silencieux, un coup de vent subit fit courber la cime des chênes, et, par-dessus le bruit des feuillages émus, une plainte harmonieuse et vague me répondit.

C'était le vieil ermite, prêtre inconscient d'un culte aboli qui, debout dans les rayons rouges du couchant, sur le roc de la plate-forme, nu-tête et ses oreilles pointues se détachant de son crâne ras, confiait à Pan ses tristesses en soufflant un air mélancolique dans sa grande flûte de hongreur.

LE CANOT
DES SIX CAPITAINES

A JEAN D'ALHEIM, peintre provençal.

LE CANOT
DES SIX CAPITAINES

I

LE NAUFRAGE DU SINGE-ROUGE

Le vent d'Est faisait rage autour du *Bigorneau*.

— Aveuglez les sabords! commanda Lancelevée.

Aussitôt les sabords s'aveuglèrent; un faible jour, de seconde en seconde interrompu par l'assaut alternatif des vagues, arriva seul à travers l'épais cristal des hublots; les six compagnons se rassirent et le festin continua.

— A votre santé, colonel!

— Messieurs, mes amis, je suis touché... mais ne m'appelez pas colonel.

On remplit les verres de nouveau :

— A votre santé, capitaine!

Et, radieux cette fois, Lancelevée salua et dit :

— Messieurs, capitaines, à votre santé!

Presque au même instant, et par les mêmes parages, un imperceptible petit yacht — le *Singe-Rouge*

— battait de l'aile dans la tempête. Un homme se tenait à la barre; le reste de l'équipage, deux hommes en tout, buvaient et trinquaient dans la cabine relevée en bosse sur le pont. Toutes les fois qu'il y a gros temps, les marins trinquent.

— A ton roman nautique! disait l'un.

— A ta grande symphonie maritime! disait l'autre.

— Aux mots goudronnés que tu collectionnes!

— Aux bruits de tempêtes que tu notes!

— Mettons à sec, puisque la prudence ordonne de délester le navire, cette vieille dame-jeanne vêtue d'osier tressé.

— Et laissons Fabien constater une fois de plus que la Méditerranée n'est pas bleue.

Soudain, Fabien, l'homme de la barre, cria :

— Terre!

— Quelle terre?

— Antibes.

— Cap sur Antibes!

— Vous savez bien que je ne sais pas barrer, répondit Fabien.

— Trébaste, va barrer pour cet imbécile de peintre, dit au romancier le musicien qui lui-même s'appelait Miravail.

Arrivé sur le pont, Trébaste à son tour s'écria :

— Miravail, viens voir! Miravail, jamais nous ne pourrons entrer dans Antibes.

— Et ça?

— Depuis notre dernier voyage le port est devenu trop petit.

A cette invraisemblable nouvelle, Miravail, haussant les épaules et murmurant : « Ils sont gris tous deux »; quitta, non sans peine, son punch au kirsch, et sa cabine tout imprégnée d'une fine odeur de citron, d'alcool brûlé et d'amande amère.

Mais Trébaste avait dit vrai ; jamais, de mémoire de loup de mer, hallucination plus singulière :

En face d'eux, à travers la poussière d'eau, l'écume et les vagues, c'était bien Antibes que voyaient nos trois navigateurs, mais un Antibes plus petit encore que l'Antibes réel, lequel n'est pas grand ; un Antibes en raccourci, un Antibes de Lilliput. A part cela, même jetée et même port, et même phare crépi de blanc porté à bras tendu par le même môle.

— Allons! pensa tout haut Miravail devant ce spectacle, il faut que je sois gris pour ma part. Pourtant, quand je suis gris, j'ai l'habitude de voir double ; or c'est ici le contraire qui arrive.

Il était trop tard pour reculer. Mené grand train vent arrière, couché sur le flanc, sa quille presque à l'air et son foc labourant la vague, le *Singe-Rouge* faisait feu sur l'eau, comme disent les Antibois, et filait d'une incroyable vitesse vers le fantastique petit port.

— La barre à bâbord, droit sur le chenal !

Le *Singe-Rouge* enfila le chenal : arrêt subit, craquement sinistre. Du même coup, l'équipage se sentit jeté en l'air par le choc et cueilli au vol par la lame, tandis que le petit yacht, engagé de tout son avant entre le môle et la jetée, demeurait immobile et comme retenu dans la grosse pince d'un gros crabe.

— O mer bleue, voilà de tes coups! soupirait le peintre en retombant. Puis il ouvrit les yeux, considéra le récif où les flots l'avaient roulé, et murmura :

— Récif bizarre! on le dirait en bois. De plus, il sonne creux et sent la cuisine.

Hé! du récif?... Holà! du récif?..

A ce moment, juste sous ses pieds, le récif s'ouvrit en trappe ronde, et ruisselant, des algues dans les cheveux, pareil à Ulysse le jour de son naufrage, l'infortuné peintre dégringola...

II

L'ENTRE-PONT MYSTÉRIEUX

.... Dans le mystérieux entre-pont où six capitaines, dont un colonel, se réjouissaient autour d'une soupe de poisson.

— J'ai faim! dit le peintre en manière de salut.

— Un naufragé... c'est un naufragé! qu'on recommence la bouillabaisse.

— Faites-la double, insinua le romancier, qui s'insinuait lui-même par le trou d'homme resté ouvert.

— Et n'y épargnez pas les oursins, il en pousse autour de votre navire! ajouta le musicien en montrant ses doigts tout hérissés de petites pointes comme une pelotte l'est d'aiguilles.

Le mot de navire flatta, paraît-il, l'amour-propre des habitants du *Bigorneau*, car Lancelevée, Saint-Aygous, Escragnol et Varangod en rougirent visiblement de plaisir. Mais celui d'oursin, prononcé à propos de bouillabaisse, réveilla dans le cœur des capitaines Barbe et Arluc leur vieille querelle endormie.

L'art de la bouillabaisse, comme tous les arts, a

ses romantiques et ses classiques. Arluc, homme d'ordre et d'autorité, qui pour un rien en appelait au sabre, et qui, jardinant, grommelait : « Mon eucalyptus va trop loin, je lui supprimerai une feuille », du même ton que s'il eût commandé l'état de siége et qu'il se fût agi d'un journal, Arluc tenait furieusement pour la bouillabaisse des anciens jours, la bouillabaisse aux six poissons, la bouillabaisse sans hérésie, celle que les premiers Antibois inventèrent jadis dans une calanque, après la pêche, entre trois pierres, sur un feu clair de brindilles de pin.

Barbe, au contraire (on le soupçonnait d'être républicain), sacrifiait volontiers, en fait de bouillabaisse, à l'esprit de désordre et de nouveauté. Il trouvait que quelques oursins ajoutés ne font qu'agrémenter son parfum, et ne se gênait pas de le dire.

— Des oursins dans la bouillabaisse? c'est bon cela pour des Parisiens.

— Parisien qui ne les aime pas!

— Capitaine Barbe!

— Capitaine Arluc!

Et déjà les favoris se hérissaient; mais Lancelevée coupa court à l'incident :

— Ne nous disputons pas à propos d'oursins, capitaines; d'ailleurs ce n'est pas à des oursins que monsieur s'est piqué les doigts, c'est à des cactus, des aloès et des figues de Barbarie.

Cette judicieuse remarque eut l'art d'apaiser les deux

capitaines; d'autre part, elle dérouta fort nos trois naufragés.

Voyant autour d'eux des sabords et des hublots, des câbles roulés dans les coins, un tronçon de mât qui traversait la salle, des parois exactement vernies, avec des rames, des cartes et des harpons accrochés; respirant partout l'odeur du goudron; admirant la tenue exactement nautique des hôtes du *Bigorneau*, ils s'étaient crus jusque-là dans l'entre-pont d'un navire que la Providence aurait placé, juste à point pour les recevoir, au-dessous de leur involontaire cabriole. Mais quel étrange navire qu'un navire où tout le monde est capitaine, et qui navigue ainsi au travers des figues de Barbarie, des aloès et des cactus!

III

QUELQUES RÉCITS DE VOYAGE

Les trois naufragés n'eurent pas le temps de pénétrer ce mystère, non plus que celui du port d'Antibes subitement rétréci.

La bouillabaisse arrivait, fumante, et servie dans une de ces énormes nacres que les pêcheurs des mers latines emploient en guise de plats. Uue vapeur safranée envahit la salle, laissant deviner, plutôt que voir, les morceaux blancs des langoustes et les morceaux plus bruns des rascasses sur les tranches de pain spongieuses et tout imbibées d'un jus couleur d'or.

Devant chaque convive furent placées des assiettes primitives en écorce de chêne-liége, toujours à la mode des pêcheurs latins, et le romancier, qui nota la chose pour son roman, fit remarquer avec sagacité que c'était là un excellent système, vu qu'en cas de naufrage on pouvait se sauver sur la vaisselle.

— Ouvrez le feu, messieurs les naufragés, et faites comme à votre bord.

La recommandation était inutile.

— Vous, Escragnol, méfiez-vous de la langouste, mauvais pour la goutte, ça pique aux jambes.

— Mauvais pour la goutte et bon pour l'amour, interrompit le galant capitaine Varangod.

— Capitaine Varangod, méfiez-vous de l'amour !

Mais, en face d'une langouste, Escragnol et Varangod étaient inaccessibles à la crainte.

Le capitaine Barbe, toute querelle oubliée, piochait la bouillabaisse comme si elle eût été exclusivement composée d'oursins; et le capitaine Arluc, comme si personne n'eût jamais songé à introduire des oursins dans la bouillabaisse.

Lancelevée semblait communiquer à la table entière quelque chose de son affectueux appétit.

— Ah! quand j'avais de l'énergie, soupirait-il à chaque assiettée, j'aurais mangé en un repas quinze bouillabaisses pareilles; mais je n'ai plus d'énergie maintenant! Et, pour mieux prouver sa faiblesse, l'honnête homme donnait des coups de poing formidables qui faisaient tressauter les verres et les bouteilles se heurter.

Saint-Aygous, être bilieux, jetait bien entre temps aux naufragés certains regards de défiance.

Mais les naufragés avaient mieux à faire qu'à gober au passage les regards bilieux de Saint-Aygous.

Seule la bouillabaisse prédispose déjà qui s'en nourrit à de fortes gasconnades maritimes; elle est pire arrosée de vin de la Gaude, cet amer nectar antibois.

Les trois naufragés mangeaient bien et buvaient sec; aussi quels récits, quelles aventures! Tourmentes et typhons, le Maelstrom et les glaces, poulpes gigantesques et vastes serpents de mer, naufrages et sauvages, tout y passa.

C'étaient pourtant, comme on le verra par la suite de l'histoire, trois simples canotiers de Seine-et-Marne égarés en mer, et, certes! bien reconnaissables à leur chapeau de paille orné d'une corne fantasque que surmontait un petit drapeau. Mais eux-mêmes se faisaient illusion en mentant, et les six capitaines ne demandaient pas mieux que de les croire.

— « Sur les côtes de Dahomey, où nous échouâmes, disait le musicien, il fit si chaud cette année-là, qu'on voyait les homards se promener rouges à point sous l'eau transparente des criques. »

— « Et le Spitzberg, le froid polaire! reprenait en duo le romancier. Un jour de Noël, bloqués par les glaces et les ours dans notre cabane d'hivernage, nous voulumes, en souvenir du pays, déboucher une bouteille de champagne, notre dernière! C'était, remarquez-le, à côté d'un poêle chauffé à blanc. On décoiffe la bouteille, on coupe la ficelle, le bouchon saute, la mousse jaillit. Eh bien, vous me croirez si vous voulez, capitaines! mais à peine sortie, instantanément, la mousse se change en un flocon de neige, avec le bouchon en équilibre tout au bout. »

Mensonges épiques! Mais le peintre les éclipsa en racontant son évasion d'entre les mains de certains Océaniens anthropophages :

— Nous étions deux, soupirait-il, voix émue, regard tourné vers le passé, nous étions deux! Nos bourreaux décidèrent que mon compagnon serait mis en broche le premier. Non qu'il fût plus gras, au contraire; mais il était Anglais, et les gourmets du pays préfèrent à tout les matelots anglais, qui, généralement, sont parfumés au genièvre.

— Comme ici les grives?

— Précisément! Ce fut même ce qui me sauva...

— Ecoutez! écoutez!

— Ce fut ce qui me sauva, disais-je; car à peine les membres du malheureux eurent-ils fini de descendre dans ces œsophages tatoués, je vis du cocotier où on m'avait lié, les monstres repus danser et rire, faire d'inexplicables gestes, esquisser des pas sans raison et, finalement, se rouler par terre, en proie à des convulsions épouvantables.

— Ils étaient empoisonnés?

— Ils étaient gris!... Oui, capitaines, saturé jusqu'aux cheveux d'alcool et de gin, futaille ambulante, éponge vivante, mon infortuné compagnon, mon matelot les avait grisés.

Cependant la tempête semblait se calmer au dehors, le vent soufflait moins fort, les paquets de mer tombaient moins dru, et plus la tempête se calmait, et plus, grâce au vin de la Gaude, le *Bigorneau* semblait exagérer son double mouvement de roulis et de tangage.

— La suite! la suite! criaient les six capitaines suspendus aux lèvres de Fabien.

On but aux hardis marins, à l'équipage du *Singe-Rouge*. Fabien triomphant raconta la suite, et cela d'un tel accent de sincérité, avec une telle éloquence, qu'à la fin Lancelevée ne voulait plus l'appeler qu'amiral.

IV

LE BIGORNEAU ET LA CASTAGNORE

Au plus fort de l'enthousiasme, deux coups retentirent : toc! toc! frappés d'une main légère.

— Entre, Cyprienne! dit Lancelevée.

Soudain, dans la paroi de ce navire étrange, une porte se révéla et plusieurs rayons de soleil, qui se pressaient au dehors depuis la fin de la tempête, voulurent entrer tous à la fois. Ebloui d'abord par leur irruption tapageuse, Fabien, de son œil de peintre, distingua bientôt une terrasse plantée de fleurs, une courge montée en treille avec ses fruits pendants, semblables à d'énormes 8; et, dans ce cadre imprévu, sur le fond joyeux d'un ciel déjà pur et d'une mer encore doucement agitée, mademoiselle Cyprienne Lancelevée qui, tout en saluant, se reculait devant la fumée de bouillabaisse et de tabac que ce mal appris d'entre-pont soufflait à son charmant visage.

— Trois naufragés!... mademoiselle ma fille!...

Mais, voyant ses hôtes stupéfaits de plus en plus, le bon colonel ajouta :

— Il paraît qu'on y a été pris tout de même, vous vous croyiez à un vrai bord... De la part de marins comme vous, l'erreur est flatteuse pour le *Bigorneau*.

A l'extérieur, le *Bigorneau*, comme l'appelaient nos six capitaines, était quelque chose d'inusité, d'ambigu, tenant le milieu entre la maison et le navire.

Cette maison, vernie et goudronnée, possédait des sabords au lieu de fenêtres, un pont au lieu de toit, des plats-bords au lieu de gouttières, et, en place de la cheminée, un mât de goëlette avec sa vergue, ses haubans, sa drisse et sa flamme.

Ce navire, bâti dans l'échancrure d'une îlette (c'est ainsi que là-bas se nomment les presqu'îles), et ouvert sur la mer par sa terrasse, avait des trois autres côtés son pont et son toit au niveau du sol, ce qui, permettant aux lames de le recouvrir dans les gros temps, procurait à ses heureux possesseurs l'agrément sans danger des plus violentes émotions maritimes.

Du reste, une triple haie courroucée, ou plutôt une triple vague, un triple remous, un triple tourbillon de figuiers de Barbarie, de cactus et d'aloës l'entourait, de sorte que, même par le calme, cette bizarre construction avait l'air d'un navire en train de sombrer dans une tempête de plantes intertropicales.

Les naufragés admirèrent le *Bigorneau*. Ils durent

encore admirer le petit port aussi pareil au port d'Antibes que la Troie en raccourci d'Andromaque — *parva Pergama!* — l'était à l'ancienne Troie, le petit port, cause innocente du naufrage, et dont l'avant historié du *Singe-Rouge* bloquait toujours le minuscule musoir; ils durent admirer enfin, à sec sur le quai, près d'une ancre énorme, le canot des six capitaines, la triomphante *Castagnore* pour qui le port avait été creusé et le *Bigorneau* bâti; tout cela, *Bigorneau*, port et *Castagnore*, création et propriété du *Cercle nautique*, fondé deux ans auparavant par Lancelevée et ses cinq amis, pour développer dans la région antiboise le goût des choses de la mer.

Certes, depuis deux ans, l'entre-pont continental du *Bigorneau* avait été le théâtre de mainte joyeuse bouillabaisse où l'on buvait, entre capitaines, à la prochaine mise à l'eau de la *Castagnore;* mais, hélas! depuis deux ans, le port restait vierge et la *Castagnore* ne partait pas!

Quand venait l'heure de la mise à l'eau, toujours quelqu'un des capitaines se trouvait empêché : Saint-Aygous soignait ses oranges, Escragnol, ayant trop soupé, criait la goutte; Varangod se déclarait faible sans oser avouer pourquoi; Barbe ressentait quelques vagues atteintes rhumatismales, ou bien une forte colère avait subitement rouvert les blessures d'Arluc.

D'un autre côté, le règlement était formel : la *Castagnore* ne devait prendre la mer qu'avec son équipage au complet, les six membres du Cercle nautique ramant et mademoiselle Cyprienne à la barre. Bourgeois et patrons de barque commençaient à rire dans Antibes; comment faire? Mais patience! Lancelevée, toujours vert, toujours à son poste, venait le jour même d'être nommé président à vie dudit cercle, et, foi de colonel, non, de capitaine, maintenant les choses allaient marcher.

Car, vous l'avez deviné, ce n'est pas précisément par modestie qu'on a vu, au premier chapitre de cette histoire, Lancelevée repousser le titre de colonel, et préférer celui plus humble de capitaine. Pour un président de cercle nautique, officier de terre en retraite et qui veut jouer au loup de mer, colonel est une appellation gênante, quoique glorieuse. Colonel vous classe tout de suite son homme dans l'artillerie, le génie ou l'infanterie; tandis que capitaine.. ah! capitaine!... Avec capitaine, il y a moyen de se faire illusion.

— Capitaine de quoi?
— De frégate sans doute.

Aussi, depuis que M. de Vauban a rebâti les remparts d'Antibes et fait cette aimable petite ville, ville de garnison; depuis qu'une colonie s'y est établie, colonie toujours renouvelée de vieux soldats, attirés là par la beauté du ciel et la chaleur du soleil; depuis que ces vieux soldats devenus marins à force de regarder la mer, et essayant d'allier le déhanchement maritime à leur vieille roideur militaire, ont pris l'habitude de dire tribord et bâbord au lieu de flanc droit et flanc gauche, et de compter par nœuds leurs étapes; Antibes est l'unique ville du monde où les capitaines retraités se félicitent de n'être que capitaines, et où les colonels ne veulent pas être appelés colonels.

V.

UN PETIT PORT DE MER

C'est charmant Antibes : un port, un môle, un phare, tout comme au *Bigorneau*, mais un peu plus grands cependant; et d'agréables remparts s'élevant juste de ce qu'il faut pour offrir une belle vue aux promeneurs qui font leur tour quotidien des courtines.

Le petit phare est si petit qu'il n'éclaire guère que lui-même; le petit môle n'embrasse de la mer que ce qu'une si petite ville peut en désirer ; le petit port ne reçoit que des tartanes, et, de temps en temps, un brick-goëlette que les gens du pays — bons Provençaux — appellent invariablement brigoulette.

Il y a une place à Antibes, la Grand'Place, avec une vieille tour sarrasine qui, s'ennuyant toute seule derrière les maisons, regarde, par-dessus les toits, tout le long du jour, ce qui se passe de neuf au café de la Marine.

Et quel silence partout :

A peine troublé dans les rues par le soupir qu'arrache la brise aux frêles palmes de quelque dattier penché sur le mur d'un jardin où l'auvent d'une épicerie, et par le bruit de l'eau des lavoirs qui jaillit limpide, et puis s'en va, coulant en ruisseaux au milieu des rues, s'ensanglanter, devant les fabriques de coulis, du jus des tomates pressées.

A la porte marine, sur le pré de la Prud'homie, une chaudière fume, pleine de tan pour teindre en brun les voiles. Des filets sèchent étendus. Amarrées le long du quai, les tartanes restent immobiles au-dessus de leur immobile reflet. Un bateau entre, tout se révolutionne : les coques dansent, les mâts s'inclinent, et leur longue image s'en va serpentant dans l'eau claire avec une flamme rouge au bout.

Mais cela sans bruit, sans qu'un cordage crie, sans qu'un bordage grince, comme si Antibes tout entière, la ville et le port, craignait de donner l'éveil au crabe velu ou au poulpe que guette là-bas ce vieux pêcheur, un roseau à la main et jambes nues dans l'eau.

Puis de jolis noms : l'*Ilette*, la *Gravette*, diminutifs bien choisis pour une petite ville qui ne rougit pas d'être petite ville ; et partout quelque chose d'aimable et d'intime rendu plus intime encore par le contraste du ciel profond, de la grande mer, des Alpes immenses et de Nice dont on aperçoit là-bas, visible dans une brume d'argent, entre les Alpes et la mer, la longue ligne de maisons blanches.

VI

LA MÉDITERRANÉE EST-ELLE BLEUE?

S'éloigner d'Antibes n'est pas facile. Le lendemain, quand on eut dégagé le goulet du *Bigorneau*, remis à flot, sans trop d'avaries, le *Singe-Rouge*, et qu'après une tournée de tafia des îles il s'agit enfin de partir, Fabien prit à part ses deux camarades, et, se promenant le long de la grève, il leur dit :

— Mes chers amis, voici trois mois que, sur la foi de vos récits, je cours les côtes de Vintimille à l'Esterel, dans l'espoir de voir bleue une fois et de peindre bleue cette Méditerranée que tes romances (pardonne-moi ma franchise, Miravail !) et tes romans (excuse-moi, Trébaste !) prétendent à tort être bleue toujours. Or, je l'ai vue successivement, suivant l'heure du jour, la disposition des nuages, l'état des vagues et du vent : laiteuse et blanche à faire croire qu'une cargaison de Lubin s'y était perdue; métallique et polie comme une plaque de coffre-fort à la banque de Monaco; noire comme si on y avait mis tremper des notaires; verte comme l'absinthe, chatoyante au soleil comme le dos grenu d'un lézard; lumineuse et nacrée comme si toute la nacre de ses coquilles, et toutes les perles de ses huîtres y nageaient dissoutes par le caprice d'une Cléopâtre devenue déesse. Je l'ai vue en or, je l'ai vue en sang, toute de soleil et de corail; je l'ai vue phosphorescente un beau soir... mais jamais je ne l'ai vue bleue !

— C'est pourtant vrai, dit le romancier.

— Absolument vrai ! affirma le musicien.

— Je continue, reprit le peintre : Il y a deux jours, Brin-de-Bouleau, ma maîtresse et la vôtre (ne rougissez pas, je savais tout !), donc, Brin-de-Bouleau, il y a deux jours, ouvrant ses grands yeux, puis les refermant, avec cette adorable lenteur qu'elle met à dire des bêtises, déclara qu'à Nice, sur la côte, la mer ne pouvait pas être bleue, vu qu'il tombe trop de choses dedans, tandis qu'elle devait l'être là-bas, vers le large, plus près du ciel. Les paroles de Brin-de-Bouleau sont des ordres. Nous louâmes un petit bateau immédiatement rebaptisé le *Singe-Rouge*, en l'honneur du héros grec si mal taillé qui orne sa proue. Bon vent, pas de lame... on part à la découverte de l'azur !

Brin-de-Bouleau était ravie, faisant sur tout mille questions enfantines : si la mer a partout des bords, et comment s'arrangent les poissons pour n'avoir pas soif, puisqu'ils vivent dans l'eau salée? Mais, vers midi, la houle survint et la fête se gâta. Saint-Honorat était en vue ; il fallut y débarquer Brin-de-Bouleau, qui pleura et fit une scène, nous rendant tous les trois responsables de son mal de mer, appelant notre promenade une amère plaisanterie, et déclarant qu'elle entendait ne retourner à Nice que par terre. Après avoir vainement essayé de faire comprendre à Brin-de-Bouleau ce que c'est qu'une île, nous nous résignâmes. Et maintenant nous voilà réduits à coloniser ce rocher désert, jusqu'à ce que Brin-de-Bouleau ait oublié son mal de mer ou qu'un isthme pousse à notre île comme une queue à une grenouille.

— C'est amusant, Saint-Honorat, dit le musicien.

— Oui! pour dormir toute la journée dans les myrtes sous prétexte de contre-point.

— Très-amusant! affirma le romancier.

— Sans doute, pour intoxiquer de romans malsains une brave fille, et lui faire croire que nous écumons la mer en pirates toutes les fois que le bateau va chercher une livre de sucre aux épiceries de Cannes ou du golfe Juan! Bref cela vous amuse, moi cela m'ennuie. Antibes est charmant...

— Mademoiselle Cyprienne adorable!

— La belle malice! De plus, au dire des capitaines, la mer est plus souvent bleue au *Bigorneau* qu'ailleurs. J'ai besoin de peindre ici, partez sans moi sur le *Singe-Rouge.*

— Parfaitement! Et Brin-de-Bouleau?

— Brin-de-Bouleau! Vous lui conterez ce que vous voudrez. L'enfant croira tout, elle est si bête.

VII

MADEMOISELLE CYPRIENNE ET MADEMOISELLE BRIN-DE-BOULEAU.

Et pourtant, non ! Brin-de-Bouleau n'était pas bête, ou plutôt elle l'était à sa manière, ce qui est une façon d'avoir de l'esprit.

Un matin, dans l'atelier où Fabien étudiait, on avait vu entrer une assez jolie fille, mais si frêle et si blanche, et tout ébouriffée de cheveux blonds, qui venait se proposer pour modèle.

— Mademoiselle pose les bouleaux ? demanda un rapin facétieux.

— Je n'ai jamais essayé ; quoique ça, je les poserai bien tout de même.

L'atelier éclata de rire.

— Ici, mademoiselle, on ne peint que la figure. Mais allez chez M. Corot, il cherche des bouleaux pour son tableau du salon.

— Vous dites : M. Corot ?

Et la jolie fille s'en alla chez M. Corot à qui, gravement, elle raconta son histoire.

Chose qui n'étonnera personne, le bon peintre la

reçut à merveille (ce babil d'oiseau l'amusait), et tout le temps qu'elle voulut il permit à Suzette de venir flâner dans son atelier deux ou trois fois par semaine, payant les séances et lui laissant croire qu'elle posait.

Ceci l'avait rendue très-fière.

— Que fais-tu maintenant, Suzette ?

— Je pose les bouleaux chez Corot.

D'où le surnom de Brin-de-Bouleau, qui convenait on ne peut mieux à sa fine petite personne argentée, et les cartes vraiment curieuses qu'elle s'était fait graver :

MADEMOISELLE SUZETTE
dite Brin-de-Bouleau
POSE L'ENSEMBLE ET LE PAYSAGE

Brave Brin-de-Bouleau ! A part le vieux maître qui parfois, entre deux tableaux, lui parlait sérieusement, jamais personne, y compris les cinq ou six rapins pour qui elle s'imaginait poser le paysage, et Fabien qui leur succéda, jamais personne au monde n'avait daigné lui faire part d'une idée juste.

C'était une mode, au contraire, de bourrer son pauvre cerveau sans défense des notions les plus extravagantes. Et Brin-de-Bouleau acceptait tout avec confiance et sérénité. Aussi, devenue femme et presque grasse à dix-huit ans (on la devinait telle du moins sous les vêtements accusateurs et mollement drapés qu'elle portait par coquetterie de modèle), son corps tout entier semblait-il avoir embelli et fructifié aux dépens de sa tête, demeurée enfantinement petite dans une mousse de cheveux fous.

Mais on aimait ainsi Brin-de-Bouleau, et Brin-de-Bouleau s'aimait ainsi :

— Je suis bête!... Et puis après? disait-elle.

Bien des lecteurs s'étonneront que Fabien ait pu si facilement oublier une aussi adorable personne. A cela, il faut répondre que Brin-de-Bouleau, nature affectueuse mais calme, ne prit jamais au tragique le fait très-simple d'être oubliée.

D'ailleurs notre héros est peintre; et, pour les peintres, si le cadre est quelque chose en peinture, il est presque tout en amour. Fabien avait aimé Brin-de-Bouleau à Paris. A Paris, et même dans ces coquets environs de Paris où la musique du mirliton répond à la voix du rossignol, où toujours le parfum des feuilles et de l'eau se marie au parfum des fritures prochaines, Brin-de-Bouleau *faisait bien*. Mais à l'île Saint-Honorat, près de la mer, en pleins myrtes, vêtue comme on sait, et marchant toujours dans un nuage de cigarettes, Brin-de-Bouleau *jurait* horriblement.

De même pour mademoiselle Cyprienne : Fabien, en l'aimant, aimait surtout Antibes. Sans Antibes, peut-être n'eût-il pas aimé Cyprienne, et sans la féerique apparition de Cyprienne sur la porte du *Bigor-*

neau, Antibes peut-être lui eût-il paru moins aimable. Était-ce l'amour, était-ce le soleil, qui dorait d'un jour si clair le petit port, les deux tours et la ville?

Et puis Fabien avait une manie singulière : demeuré ingénu malgré sa folle existence, toute petite villa vue du chemin de fer, tout contrevent vert mi-fermé, toute porte discrètement bourgeoise le faisaient rêver d'amour paisible et de facile bonheur. Déjà une fois, passant par Antibes, il s'était dit : — Joli endroit! je dois être amoureux de quelqu'un que je ne connais pas et qui habite là-dedans.

Ce quelqu'un se trouva justement être mademoiselle Cyprienne.

VIII.

PEINTURES MURALES

Fabien avait besoin d'un prétexte à ne pas quitter les Antibes.

La peinture le lui offrit.

Son naufrage, les aventures extraordinaires qu'il s'était données, celles plus extraordinaires encore qu'on lui soupçonnait, avaient fait du peintre navigateur l'idole des capitaines. Leur enthousiasme ne connut plus de bornes lorsqu'il proposa de décorer à l'huile, et gratis, de quelques sujets maritimes, l'intérieur du *Bigorneau*.

Le *Bigorneau* était bien un peu noir, éclairé seulement par l'œil de chat des hublots; mais on y voyait, la porte ouverte. Et puis, à force de chercher la Méditerranée bleue, Fabien avait découvert que le Midi est blanc, que le ciel y est d'argent, les ombres mêmes transparentes, ce qui lui permettrait, sans faillir à l'art, de faire ses décorations très-claires et visibles encore au demi-jour.

Fabien s'installa donc au *Bigorneau*, fermé pour

tous jusqu'à nouvel ordre; au *Bigorneau*, si près d'Antibes et plus près encore de la petite villa barbouillée d'ocre, où souriait parfois à une fenêtre du rez-de-chaussée, dans les pompons odorants des cassiers, l'aimable Cyprienne Lancelevée! et, le cœur plein d'amour, il se mit à l'œuvre, mais d'une telle ardeur que ses pinceaux et sa palette durent en être fort étonnés.

Sur la paroi du fond, au milieu d'un encadrement fait de câbles enroulés, d'ancres, de rames, de tridents, de porte-voix et de longues-vues, il peignit en six médaillons les portraits des six capitaines :

Lancelevée, la main étendue dans l'attitude du commandement;

Escragnol, appuyé sur une langouste;

Varangod, souriant et doux;

Arluc, agité de sa perpétuelle tempête;

Barbe, perdu dans un rêve qui devait être peuplé d'oursins.

Tous regardant la mer et peints de face; mais de trois quarts seulement l'aigre figure du peu sympathique Saint-Aygous.

A droite et à gauche, dans quatre panneaux, Fabien, d'un pinceau que l'amour guidait, brossa ce que nous appellerons l'épopée du *Bigorneau* et de la *Castagnore*.

D'abord l'îlette déserte et nue, des rochers tranchants, sans verdure, que hantent seuls le poulpe et le crabe *pelous*; un ciel bas, la lame blanchissant aux pointes; et calmes, en silhouette sur l'horizon marin, les six capitaines réfléchissaient aux destins de cette terre par eux conquise.

En face, la même îlette, mais joyeuse sous un ciel joyeux; l'îlette avec son port, son *Bigorneau*, telle que l'avait faite le génie des six capitaines. Les six capitaines se félicitaient. Dans le lointain apparaissait Antibes, Antibes dont le *Bigorneau* n'est que la miniature et qui, par une flatterie de la perspective, semblait lui-même être la miniature du *Bigorneau*.

Dans les troisième et quatrième panneaux furent représentées à l'avance, mais on ne risquait rien à cela, les futures prouesses de la *Castagnore* : En mer, pavillon au vent, couverte d'écume et fendant les flots en fureur sous l'irrésistible impulsion des six capitaines, tandis que les gabians, de leurs ailes blanches, rasent l'eau, et que les navires voiliers effrayés rentrent au port, à sec de toile; puis amarrée dans une calanque, le repos après la tempête! avec quatre capitaines pêchant, et deux autres, Barbe et Arluc, en train de préparer la bouillabaisse.

Restait la porte : Fabien l'entoura de poissons argentés et d'algues vertes. Mais au-dessus, dans le trumeau vide, qui peindre? sinon la joie du lieu, la bien-aimée de tous, l'adorable mademoiselle Cyprienne.

Ce fut le plus charmant et le plus long aussi de

l'ouvrage. Fabien avait fait le reste en quelques jours, ce seul portrait lui prit un aussi long temps que tout le reste. Que voulez-vous? il y avait une telle variété de tons sur cette peau transparente et brune, toujours prête à rougir; de tels jeux de lumière dans ces cheveux noirs dorés par places, tant de paillettes dans ces yeux bleu sombre; et, sur ces lèvres méridionales, tant de façons diverses de sourire, qu'il fallait bien choisir, comparer...

La porte ouverte laissait voir la mer; sous les courges en fleur, le bon Lancelevée fumait sa pipe; mademoiselle Cyprienne, tout en posant, brodait; Fabien peignait, peignait, peignait, et les heures s'écoulaient délicieuses.

IX

PARFUMS ET FLEURS

Fabien et Cyprienne semblaient heureux.

Ebauché avec le portrait, leur innocent roman d'amour, en même temps que lui, prenait figure. Choses et gens, tout souriait dans le *Bigorneau*. Seul Saint-Aygous ne souriait pas; Saint-Aygous grommelait tout bas de ce qu'il appelait un tas de *micmacs*, et faisait de plus en plus froide mine.

Simple nuage dans un ciel pur! mais sur les côtes qu'habitent nos héros, un nuage gros comme une orange apporte souvent le mistral.

Ce Saint-Aygous (le petit Saint-Aygous, comme on disait entre amis) n'était pas précisément capitaine, ou plutôt, s'il l'était, il devait l'être de naissance, n'ayant, au su de personne, jamais servi. Seulement, il s'était fait, dès le collége, l'habitué fidèle du café où la cité antiboise réunit chaque soir sa colonie de vieux guerriers; bien reçu d'eux à cause de sa naïve admiration, il avait fini, vers trente ans, par se croire vieux guerrier lui-même. On le laissa croire.

Ravi de tant d'honneur, à trente ans, il traînait la jambe; à trente-cinq, il avait la goutte; à quarante, âge où le trouve ce récit, vous auriez pu l'entendre se plaindre d'anciennes blessures.

Conduit par son étoile, Saint-Aygous s'était trouvé là le jour où Lancelevée et quatre capitaines parlaient de fonder le cercle nautique. Un sixième manquait, Saint-Aygous s'offrit, on l'accepta, et Saint-Aygous fut depuis, dans Antibes, capitaine pour tout de bon.

A part les campagnes qu'il n'avait pas faites et les blessures qu'il n'avait pas reçues, rien ne le distinguait des autres capitaines. Ses revenus eux-mêmes n'étaient pas des revenus et semblaient plutôt, grâce à leur fixité, une pension de retraite que le sol et le soleil antibois lui auraient payée tous les semestres.

Saint-Aygous n'était pas précisément rentier. Il n'exerçait aucune des paisibles industries que ses concitoyens exercent. Il n'avait pas de moulin à huile, il ne salait pas d'olives, il ne séchait pas de figues, il ne menuisait pas des cannes avec la palme des dattiers, il ne distillait pas la liqueur locale en macérant au soleil des baies de myrte dans de la vieille eau-de-vie, il ne combinait pas cette exquise saumure noire; le *pey-sala*, bouillie d'imperceptibles petits poissons triturés, qui jadis, sous le nom de *garum*, faisait se pourlécher les babines romaines, il ne pressurait pas les tomates comme fabricant de jus de tomates, ni les étrangers comme propriétaire de villas...

Saint-Aygous, pour fortune, possédait, au quartier de la Badine, un tout petit clos précédé d'un tout petit pavillon.

Dans le pavillon s'arrêtaient, du matin au soir, les passants encouragés par une enseigne accueillante; dans le clos, 110 orangers épanouissaient leurs fleurs au soleil et mûrissaient leurs fruits à la brise marine. Chaque jour, une vieille femme, armée d'une courge creuse taillée en longue cuiller, versait au pied de chaque oranger, avec une religion toute chinoise, l'humble mais féconde offrande laissée dans le pavillon par les passants de la veille! Et voyez les mystères du circulus :

Le parfum des fleurs ne semblait que plus doux, la saveur des fruits plus exquise. Les cent dix orangers, à dix francs par pied et par an, rendaient, tant en fruits qu'en fleurs, onze cents francs, la vieille femme une fois payée; et tandis que dans le Nord, avec des lieues de forêt, un homme peut se trouver pauvre, Saint-Aygous, avec ses cent dix orangers et son pavillon, portait des souliers de toile en tout temps, des pantalons blancs et des vestes courtes, et se promenait de la ville au *Bigorneau*, un parasol sous le bras et coiffé d'un chapeau manille baissé sur les yeux et relevé sur la nuque, ce qui, dans Antibes et tout le long du littoral, est l'apanage de la richesse.

Saint-Aygous, jusque-là, n'avait guère regardé mademoiselle Cyprienne. Mais, devinant Fabien amoureux d'elle, il s'était dit : — Pourquoi lui et pas moi? et son besoin d'aimer avait éclaté subitement comme un vieil obus qu'on dévisse.

Aimait-il Cyprienne, l'homme du clos et du pavillon? Non pas; il eût aimé de même toute autre femme. Mais il était jaloux de Fabien, et cette jalousie sans motif allait le conduire jusqu'au crime.

Voici comment.

X

LA BOUÉE-POSTE.

A l'extrémité sud du continent américain se balance, dans l'agitation perpétuelle des flots, une bouée rendue célèbre par maint récit de voyage. Les navires y jettent leurs lettres en passant, d'autres navires les recueillent. C'est la bouée-poste du cap Horn, dépôt sacré, gardé inviolablement par la solitude et la tempête.

Lancelevée, ayant lu quelque part cette histoire de bouée-poste, voulut que le *Bigorneau* eût sa bouée-poste, lui aussi. Une courge vide, surmontée d'une boîte peinte en blanc, fit l'affaire. La courge et la boîte furent coulées sur ancre à quelques mètres en avant de l'îlette. Un câble amenait à terre l'appareil flottant; et le facteur qui fait le service des villas du cap avait l'obligeance, quand besoin était, de tirer le câble et de déposer dans la boîte les paquets ou les lettres adressés au *Bigorneau*.

Saint-Aygous, dont c'était la charge, faisait régulièrement la levée. Mais, à part le samedi, jour des publications maritimes, lesquelles, pour peu que la mer fût gaie, arrivaient trempées d'eau de mer et maritimes d'autant plus, la bouée-poste en général ne recélait guère que quelques débris apportés par l'eau : éponge arrachée des côtes de Sicile ou d'Afrique et revêtue encore de son enveloppe gélatineuse, brin de corail venu de Corse; pierre ponce rejetée par le Vésuve ou le Stromboli, et parfois aussi un petit crabe demeuré prisonnier après s'être témérairement glissé par le rictus en tirelire de la boîte.

Un matin cependant, à la prime aube, Saint-Aygous, en train de promener ses amours rentrées et ses fureurs jalouses, vit une voile qui, sortant de la brume, rasait l'îlette, stopait un instant devant la bouée-poste, puis, continuant sa bordée, allait disparaître au large dans les reflets du soleil levant. Si rapide qu'eût été l'apparition, Saint-Aygous avait reconnu le *Singe-Rouge*.

La boîte ouverte, il trouva une lettre; la lettre était cachetée de rouge, timbrée de rouge à l'effigie du *Singe-Rouge*, et portait l'adresse de Fabien. Pareil à un presse-papier en bronze japonais, un crabe dormait dessus; Saint-Aygous captura le crabe, ce qui était son droit; mais il eut tort de violer la lettre.

« Mon cher Fabien; (disait cette lettre, d'ailleurs fort mal orthographiée), mon cher Fabien, c'est des bêtises tout ça, et je sens bien que tu me trompes. Je pleure depuis ton départ. Cependant je te suis fidèle, Trébaste et Miravail me laissent seule tout le temps. Ils sont pirates, ils s'en vont écumer les flots, puis rapportent des provisions. Moi j'ai toujours peur des gendarmes, mais ils me disent qu'il n'y a pas de gendarmes sur l'eau. Sans le mal de mer, je serais déjà allée arracher les yeux à ta mademoiselle Cyprienne, et puis lui expliquer que tu fais le navigateur et que tu ne sais pas seulement ramer. Tu te rappelles, à Chennevières, quand nous avions un canot, c'était moi qui ramais toujours, et toi, avec ton crayon, tu faisais celui qui cherche des motifs, à preuve que je me suis doublé les biceps et qu'il m'a fallu rester six mois sans poser parce que je manquais d'élégance. Mais tout cela n'est pas une raison pour me traiter comme tu me traites. Je vais me venger. Méfie-toi.

BRIN-DE-BOULEAU.

Dans cette lettre ingénue, comme une guêpe dans une fleur, s'en cachait une seconde, sévère et d'aspect officiel :

Ile Saint-Honorat, calanque des fenouils.

Les soussignés, Trébaste et Miravail, pirates à bord du *Singe-Rouge*, s'étant, sur l'ordre de l'amirale Brin-de-Bouleau, constitués en cour martiale à l'effet de juger et condamner le sieur Fabien, peintre-pirate déserteur;

Considérant que ledit Fabien s'est fait débarquer au *Bigorneau* de l'ilette sous prétexte que la Méditerranée doit être plus bleue là-bas qu'ailleurs, mais en réalité pour lier commerce d'amitié avec des bourgeois anthropophages;

Considérant au surplus que huit jours suffisaient à un peintre, même de talent médiocre, pour constater la quantité d'azur que peut tenir en suspension la susdite mer;

Sommons ledit Fabien de se présenter dans les 24 heures au mouillage du *Singe-Rouge*, à défaut de quoi ils se verraient obligés de sévir, conformément aux lois et règlements librement consentis par lui et jurés entre les pattes dudit Singe.

Ont signé :

MIRAVAIL, TRÉBASTE.

Et plus bas :

L'AMIRALE BRIN-DE-BOULEAU.

— Des pirates ! je m'en étais toujours douté...

Aussi indigéré de romans maritimes que pouvait l'être Brin-de-Bouleau, Saint-Aygous prit comme elle très au sérieux la mauvaise plaisanterie imaginée par Miravail et Trébaste pour charmer leur exil à la calanque des fenouils.

Bien plus, espérant, grâce à son indiscrète découverte, perdre son rival à la fois dans l'esprit du père et dans le cœur de la fille, il communiqua à Lancelevée la pièce qui convainquait Fabien de piraterie, et s'arrangea pour laisser tomber adroitement la missive de Brin-de-Bouleau dans une petite anse où mademoiselle Cyprienne avait coutume de venir tous les jours avant dîner, chercher, du bout de son ombrelle, des brins de corail dans le sable.

— Mille sabords ! s'écria Lancelevée, d'un ton plus

belliqueux qu'indigné, à la lecture du firman des pirates.

Quant à mademoiselle Cyprienne, en trouvant la lettre de Brin-de-Bouleau, elle devint subitement aussi rouge que le cachet rouge de l'enveloppe, aussi rouge que le fragment de corail trouvé tout à l'heure, et qu'elle laissa tomber d'entre ses doigts.

XI

UN MARIAGE AU CLAIR DE LUNE

Cette double trahison précipita les événements, mais dans un sens tout opposé à ce qu'avait espéré l'astucieux Saint-Aygous.

Loin d'en vouloir à Fabien d'être pirate, Lancelevée sentit son affection redoubler à l'endroit d'un jeune homme exerçant sur l'eau un métier devenu si rare.

Toute la journée, il tourna autour de lui, désirant et n'osant interroger. Le soir, il fit un discours aux capitaines :

— Capitaines... grande nouvelle... il y a un pirate parmi nous !

A cet exorde prévu, les capitaines, moins Saint-Aygous, sourirent ; car Lancelevée, n'y pouvant tenir, avait déjà confié à chacun d'eux en particulier le secret qu'il venait leur raconter à tous ensemble.

— Quoi ! un pirate ? un vrai pirate ? s'écrièrent-ils néanmoins, d'un ton de réprobation affectueuse.

— Oui, capitaines, un vrai pirate, qui écume la

mer, qui ravage les côtes, qui cache sa voile barbaresque derrière les rochers des calanques, comme aux beaux jours passés hélas! où des Sarrasins, des Kabyles, tenaient garnison à Monaco ! Mais que dis-je, un pirate? trois pirates, capitaines ! Nous connaissons trois pirates ! Le *Bigorneau*, entre-pont modeste, a reçu trois pirates dans ses murs, trois pirates probablement souillés de crimes ! Maintenant, il en abrite un encore qui vient chaque nuit, sur ce hamac, bercer ses rêves ensanglantés... Et nous ne rougirions pas?

Saint-Aygous croyait avoir réussi et rayonnait; mais la suite du discours le détrompa :

— ... Nous ne rougirions pas? Ah! rougissons, capitaines !... Nous ne rougirions pas de voir, depuis deux ans, la *Castagnore* moisir sur sa quille? Nous ne rougirions pas de rester ici, immobiles et regardant la mer de loin, comme un tas de crabes à qui des gamins ont cassé les pattes, tandis que les courses se préparent et que la piraterie a l'œil sur nous? Nous sommes donc des marins pour rire, et quelle opinion doivent avoir de nous ces forbans?

Ainsi, capitaines, réunion demain. Pas de rhumatisme, pas de goutte, pas de querelle. Que la *Castagnore*, quand luira l'aube, reçoive le baptême d'eau salée, et, au soleil levé, tout le monde sur le pont! J'ai dit.

— Vive Lancelevée !

— Vivent les pirates !

Les capitaines trinquaient, debout. L'enivrement était au comble ; jamais pareil vent d'enthousiasme n'avait soufflé sur le *Bigorneau*.

A minuit, on se sépara.

— Fichus matelots tout de même, murmura Lancelevée en voyant s'éloigner les capitaines, il serait bon de leur donner un grand exemple !

Alors Lancelevée coiffa un foulard, se roula dans une couverture, puis s'exaltant à la vue du ciel, de la mer, il marcha vers la *Castagnore*, et s'écria d'une voix héroïque :

— Cette nuit, je veux coucher à mon bord !

Il y coucha.

Cependant, à la même heure, Fabien amoureux et confiant rentrait de la ville ; mademoiselle Cyprienne quittait la maisonnette couleur d'ocre et se dirigeait vers le *Bigorneau* de l'îlette, sous le prétexte d'aller chercher son père, mais avec le vague espoir de rencontrer Fabien ; et Saint-Aygous, ses collègues lâchés, revenait sur ses pas pour espionner Fabien et Cyprienne.

Décidément, rien ne réussissait à ce malheureux Saint-Aygous. Car si, d'un côté, Lancelevée n'était pas fâché d'avoir un forban pour hôte, de l'autre, mademoiselle sa fille se pardonnait presque d'être aimée d'un mauvais sujet. Les filles sont ainsi ! D'abord sa colère avait été grande contre mademoiselle Brin-de-Bouleau qui se permettait de tutoyer M. Fabien. Puis, réfléchissant, elle se demanda comment pouvait bien être faite pareille demoiselle. Fine et brune, elle se l'imagina grassouillette et blonde (telle, ou peu s'en faut, qu'elle était), très-jolie, sans doute, vu le bon goût de Fabien, et bientôt elle fut fière, mon Dieu oui! de se savoir préférée à une aussi agréable personne.

Était-elle vraiment préférée ?. Il s'agissait de le savoir, et cela tout de suite, sans attendre au lendemain. Il s'agissait tout de suite, d'accabler Fabien de reproches et de l'interroger à l'endroit de cette Brin-de-Bouleau qui avait un si drôle de nom et une si drôle d'orthographe. Raisons sans doute insuffisantes pour qu'une petite bourgeoise bien timide fît à son amoureux la surprise d'une rencontre de nuit. Mais le cœur de Cyprienne était si pur ! et ces nuits de Provence sont si claires, qu'un rendez-vous de nuit à Antibes devient innocent comme un rendez-vous de jour.

— Monsieur !... monsieur Fabien, j'aurais quelque chose à vous dire...

Fabien tressaillit, il n'osait pas croire à son bonheur. Pourtant il prit Cyprienne par la main, et tous deux, sans parler, allèrent s'asseoir sur le plat-bord du canot au fond duquel Lancelevée, après avoir contemplé les étoiles, commençait à sommeiller.

Lancelevée qui, dans la vie de tous les jours, n'aurait pas versé le sang d'un moineau, était féroce à ce moment. Il se croyait pirate ; il rêvait abordages et massacres ; il se voyait habillé en Turc, la hache à la main, avec le fidèle Fabien. Autour d'eux, la mer était rouge !

Un léger bruit interrompit ce doux rêve.

— Mille sabords ! s'écria le capitaine, est-ce qu'on ne pourrait pas aller s'embrasser plus loin ?

Et se redressant sur son séant, il reconnut Cyprienne et Fabien !

Un foulard indien enveloppait les cheveux gris du capitaine, et le foulard lui-même empruntait quelque chose de majestueux à la grandeur du paysage et à la gravité des circonstances.

D'abord, Lancelevée voulut maudire, en père classique. Mais à moitié endormi encore et très-ennuyé de ce drame familial qui venait ainsi se jeter au travers de ses rêves nautiques, le brave homme ne trouva que la force d'ajouter :

— Malheureux ! vous, un ami ! vous, un pirate ! avoir déshonoré ma fille !

Fabien protestait, Cyprienne lui mit sa main mignonne sur la bouche ; et le fait est qu'elle avait ainsi, toute troublée au clair de lune, l'air le plus gracieusement déshonorée du monde.

— Après tout, c'était votre droit ! vous êtes pirate, je ne peux pas vous en vouloir, reprit en soupirant l'infortuné père. A votre place, je l'eusse peut-être enlevée.

27.

Puis il ajouta, non sans noblesse :

— Acceptez sa main, Fabien, je vous l'accorde... puisqu'il n'y a plus moyen de faire autrement..

Il y avait certes moyen encore de faire autrement. Mais, cette fois, ni Cyprienne ni Fabien ne protestèrent.

— Je passe la nuit à mon bord. Mustapha... non, Fabien, reconduisez votre fiancée, ajouta le bonhomme que le sommeil reprenait.

Il leur donna sa bénédiction ; et, ses devoirs de père accomplis, il se recoucha dans son canot et dans son rêve.

Blotti entre un aloès et un cactus de l'enceinte du *Bigorneau*, doublement poignardé dans son amour et dans sa chair, Saint-Aygous avait tout entendu.

XII

IL Y A UN SORT SUR LA CASTAGNORE

Le lendemain, quand les étoiles pâlirent et que parut le petit jour, un homme, Saint-Aygous, épiant le réveil du colonel, rôdait autour de la *Castagnore*.

Au bruit de ses pas sur le sable, le colonel se réveilla.

— Qui vive ?

— Saint-Aygous !

— C'est bien, très-bien : toujours le premier !

Ce disant, le colonel voulut se relever, mais il se sentit mal en point, roide comme un linge gelé, et retomba tout de son long en soupirant :

— Sacré nom de D... ! mon rhumatisme !

— Capitaine... voyons, capitaine...

— Saint-Aygous, laissez-moi jurer ; il y a un sort jeté sur la *Castagnore*... La *Castagnore* ne partira point... Au vent de la mer, sous la rosée nocturne, mes rhumatismes sont revenus.

Tout en l'aidant à enjamber le bordage et à prendre terre, Saint-Aygous essayait de le consoler :

— Ce ne serait rien, une simple fraîcheur, l'affaire d'une semaine au plus...

— Mais, malheureux, une semaine! et nous sommes à quatre jours des courses.

— En effet, capitaine, je ne songeais pas à cela... Oui!... décidément... il y a un sort jeté.

Puis, souriant avec malice et comme éclairé d'une inspiration soudaine, Saint-Aygous ajouta :

— Capitaine, une idée! — Laquelle, Saint-Aygous?

— Tout peut s'arranger encore, puisque vous mariez votre fille...

— Comment! je marie ma fille?

— Mais sans doute, avec M. Fabien.

— En effet, avec M. Fabien... oui, c'est cela, je marie Cyprienne, répéta le capitaine qui, dans la première émotion de son rhumatisme, avait parfaitement oublié les événements de la nuit, je marie Cyprienne avec Fabien, après?

— Fabien est marin?

— Comme la mer. Parbleu, un pirate!

— Qui vous empêche, provisoirement, de le mettre à votre place?

— Et nos règlements, Saint-Aygous?

— Nos règlements interdisent notre bord aux étrangers. Mais Fabien n'est plus étranger; Fabien est de votre famille.

— Embrasse-moi, Saint-Aygous. Tu me sauves l'honneur.

Le bon Lancelevée et l'astucieux Saint-Aygous s'embrassèrent.

Ce matin encore, faute d'un rameur, la *Castagnore* ne partit pas. Mais le soir, au *Bigorneau*, sous la courge à ce moment fleurie, et dont les vastes fleurs en cornet qui, pour la circonstance, oublièrent de se fermer, brillaient dans la nuit, parmi les lanternes suspendues, comme d'autres lanternes jaunes, les capitaines, sur la proposition de Saint-Aygous, acclamèrent Fabien septième capitaine et commandant provisoire de la *Castagnore*.

XIII

CE QU'UNE LANGOUSTE PEUT CONTENIR

Vous devinez le plan de l'astucieux Saint-Aygous :
— Je me suis trompé, s'était-il dit, lorsque j'ai présenté Fabien comme pirate ; le vieux Lancelevée est tellement épris d'art maritime qu'il donnerait avec plaisir sa blanche Cyprienne à un négrier.

Mais Fabien est un pirate étrange, il ne sait pas ramer, la lettre de Brin-de-Bouleau le prouve. Étalons au grand jour l'incapacité nautique de ce peintre. Lancelevée évidemment refusera sa fille à un gendre qui ne rame pas.

Le plus fort semblait fait, Lancelevée se trouvait invalide et Fabien le remplaçait. Il ne s'agissait plus que de mettre la rame aux mains de Fabien ; pour cela il fallait que la *Castagnore* prît la mer avant le mariage, mais ce n'était pas chose facile, on le sait, que de faire prendre la mer à la *Castagnore*.

Trois jours séparaient des courses ; par quels moyens maintenir à la chaleur voulue, trois jours durant, l'enthousiasme des capitaines ? Par quels moyens préserver de tout accident leurs très-précieuses santés? Soyez tranquilles, Saint-Aygous est prêt, Saint-Aygous les surveillera, Saint-Aygous empêchera Escragnol de retomber en tentation de langouste, Saint-Aygous calmera l'humeur querelleuse de Barbe, Saint-Aygous évitera au bouillant Arluc toute émotion trop forte et pouvant rouvrir ses blessures; mission plus délicate encore, Saint-Aygous obtiendra que le sémillant capitaine Varangod s'abstienne jusqu'à nouvel ordre de toute préjudiciable galanterie.

— Quel beau temps demain, pour une course d'essai! dit le soir à Fabien, en observant la mer du haut de la courtine, Saint-Aygous, toujours venimeux.

Fabien, qui le devinait, répondit par un sourire.
Il avait son plan, lui aussi!

— Êtes-vous des nôtres, Saint-Aygous? j'offre ce soir au cercle nautique la langouste de bienvenue. Et ce disant, il tira de sa poche une langouste, une merveilleuse langouste, moussue et cornue, effrayante à voir, lourde comme un plomb et sentant la noisette sous sa carapace.

A l'aspect du monstre, Saint-Aygous pâlit et songea au capitaine Escragnol; car jamais le capitaine Escragnol n'avait reculé devant une langouste, et jamais langouste mangée n'avait pardonné au capitaine.

Aussi, quelle joie dans Antibes, quand, vers cinq

heures, on apprit qu'il y avait vent de langouste, et que le capitaine Escragnol en mangerait.

— Il n'en mangera pas!
— Il en mangera!
— Et la goutte?
— Et la gourmandise?

Quoique parfaitement sûr du châtiment qui l'attendait, le capitaine n'hésita pas. La langouste était trop belle. Dès quatre heures du soir, il s'installa sur la grande place, à la table la plus en vue du café de l'Univers, et là, comme pour braver l'opinion et se surexciter dans le crime, il se mit à boire une liqueur de sa composition, liqueur des grands jours, baptisée par lui *Crocodile*, et qui consistait en un verre d'absinthe, battue avec du kirsch pur au lieu d'eau.

— Soyons vivaces! criait le capitaine à Saint-Aygous qui essayait vainement de le contenir.

Et le fait est que jamais goutteux ne se montra plus cyniquement vivace.

La langouste fut mangée au *Bacchus navigateur*, café-restaurant. La belle Touzelle servait, ce qui fut une agréable surprise pour le capitaine Varangod. Car la voix publique l'accusait, cette belle Touzelle, joyeuse personne de quarante ans, éclatante et rousse comme un riche automne, de n'avoir pas toujours été cruelle au galant capitaine Varangod. Fabien avait provoqué la rencontre. Métier coupable, sans doute, si l'amour ne sanctifiait tout!

Enfin — car une langouste peut contenir dans son ventre imbriqué autant d'événements que le cheval de Troie contenait de guerriers à casque — la langouste ayant été déclarée trop importante pour une salade seule, on décida de ne mettre en vinaigrette que sa queue charnue et son corsage, réservant les pinces et les pattes pour agrémenter une bouillabaisse improvisée, bouillabaisse où Fabien introduisit des oursins, préparant ainsi entre Barbe et Arluc une inévitable querelle.

Le plan réussit à merveille.

Dès le dessert, l'atmosphère s'échauffant, et quand les cerveaux commencèrent à s'illuminer aux éclairs du vin de la Gaude, la querelle éclata, terrible! Et tandis qu'Escragnol, le crime consommé, la langouste mangée, se sentait devenir mélancolique, tandis que Varangod taquinait la belle Touzelle dans un coin, tandis que Saint-Aygous vaincu regardait, d'un œil où le mépris et le scepticisme perçaient, l'insouciant Lancelevée buvant de cinq minutes en cinq minutes à la mise à l'eau de la *Castagnore*, Arluc et Barbe s'esquivaient de table, et la menace dans le sourcil, l'injure à la bouche, s'en allaient chercher des témoins au café de la garnison.

Le lendemain, le vivace Escragnol gardait le lit, hurlant la goutte…

Le galant Varangod, pâle et défait, prétextait une indisposition vague.

Un duel avait eu lieu, aux lanternes, sur le sable fin de la mer. Barbe étant gris, l'impétueux Arluc l'avait blessé au pouce. Mais, hélas! l'impétueux capitaine s'était si bien fendu que, de l'effort, une ancienne blessure s'était rouverte.

Quatre capitaines étaient au lit, et les courses devaient avoir lieu dans trois jours.

XIV

ENLÈVEMENT NOCTURNE

Malgré tout, Saint-Aygous ne désarma point. Trois jours lui restaient, trois jours, presque un siècle! Ne pouvait-il pas en trois jours réparer le mal fait par Fabien, calmer les gouttes, assouplir les rhumatismes, cicatriser les blessures nouvelles, panser les anciennes qui s'étaient rouvertes, et mettre sur pied pour l'heure voulue tout l'équipage endommagé?

Oh! ce fut une belle lutte et dont se souviendront longtemps les cafetiers et les pharmaciens d'Antibes! D'un côté, le peintre poussant, au risque de causer leur mort, nos quatre chers infirmes à la débauche; prodiguant les bocks, les mazagrans, les petits verres, s'élevant même jusqu'au champagne et au punch aux œufs; excitant Barbe contre Arluc, faisant respirer à Escragnol le parfum d'idéales langoustes, et parlant sans cesse, parlant toujours à Varangod de cette belle Touzelle, si belle, malgré son âge, avec sa grande bouche riante et bien meublée, et ses cheveux roux, lourds comme l'or.

De l'autre côté, Saint-Aygous, image renfrognée mais vivante du devoir, les faisant rougir tous quatre de leur conduite, parlant de la *Castagnore*, de l'honneur engagé, des courses prochaines, opposant les rafraîchissants aux petits verres, les tisanes aux sodas, et les cataplasmes au champagne !

Tandis que Cyprienne aidait Fabien à pervertir les capitaines, Lancelevée, trottant sur deux cannes, et tout flamme, malgré son rhumatisme, secondait Saint-Aygous dans l'œuvre de régénération.

A la fin, comme dans les dénoûments de M. Dumas fils, le Bien écrasa le Mal, la vertu triompha du vice, l'ange Saint-Aygous broya sous son talon la tête du tentateur Fabien ; et la veille des courses, comme un seul homme, les quatre capitaines déclarèrent que, malgré marée et vent, malgré goutte et malgré entorse, malgré vieilles blessures rouvertes et malgré récentes blessures mal fermées, le jour suivant les verrait tous rames en main et faisant honneur à la *Castagnore*.

Cette nuit, Saint-Aygous ne se coucha pas.

Quelques coups de pinceau restaient à donner à l'embarcation, il fallait, pour qu'elle apparût reluisante le lendemain laver et bouchonner sa coque ; il fallait souligner de carmin sa ligne de flottaison un peu pâlie, et aviver d'or et d'azur les écailles des deux *Castagnores*, petits poissons frétillants chers aux eaux d'Antibes, qui, peints sur chaque côté de l'avant, avaient donné leur nom au bateau. Travaux importants, indispensables préparatifs, que tout le monde avait oubliés dans les événements de ces trois jours et que Saint-Aygous, sans rien en dire à personne, voulut exécuter seul à la dernière heure.

Tandis qu'il travaillait ainsi, couvert d'une vareuse à capuchon et sous une lanterne, mademoiselle Cyprienne, que ses chagrins d'amour empêchaient de dormir, regardait à travers les rideaux de sa chambre à coucher, cette ombre qui se mouvait sur la grève et cette lumière qui tremblait.

— C'est Fabien, se disait-elle, et ses pensées s'envolaient, amoureuses et tristes, vers l'ombre mouvante et la petite lumière.

Tout à coup, elle crut voir, sur la surface chatoyante de la mer, dans le poudroiement blanc du clair de lune, une voile blanche qui glissait. Puis la voile tomba, et la pointe d'un bateau toucha le sable. Deux hommes sautent à terre : un cri, la lumière éteinte, puis un corps enveloppé qu'on emporte ! La voile se relève et le bateau disparaît.

— Brin-de-Bouleau ! soupira Cyprienne glacée de terreur, c'est la cruelle Brin-de-Bouleau avec ses pirates du *Singe-Rouge* qui vient de m'enlever Fabien.

Fabien, à cette heure, dormait, il faisait même un gracieux rêve ; il rêvait naufrages et gros temps, il rêvait qu'un coup de mer enlevait le *Bigorneau*, que le feu du ciel incendiait la *Castagnore*, que les six capitaines se noyaient, que le vent d'Afrique et la tramontane faisaient régner autour d'Antibes un perpétuel ouragan, que la pointe de l'Ilette, devenue l'effroi des navigateurs, prenait le nom de cap des tempêtes, que les courses n'avaient pas lieu, qu'il n'avait pas besoin de ramer et qu'enfin il épousait Cyprienne.

XV

LE PHOQUE ET LES CORAILLEURS

Hélas! Fabien se réveilla au bruit du fifre et du tambour, par un petit jour clair le plus joyeux du monde. Quoique agréable en soi, cette musique lui parut triste. C'était l'annonce des courses : des marins, des pêcheurs délégués de la Prud'homie, se promenaient ainsi à travers la ville, portant au bout d'un bâton couronné d'un cerceau les pavillons de soie rouge; prix des voiliers, et les assiettes de fin étain, luisantes comme argent, récompense traditionnelle des rameurs victorieux. De loin en loin, ils s'arrêtaient sous un balcon pour donner l'aubade. Fabien, en qualité de membre du cercle nautique, eut la sienne, aubade ironique! Mais il ne bougea point de son lit. La villa couleur d'ocre eut son aubade aussi, et mademoiselle Cyprienne, malgré ses angoisses et ses craintes, dut se lever pour offrir le petit verre à ces braves gens.

Lancelevée, réjoui d'un si beau jour, rassuré à l'endroit de son équipage, et certain de voir la *Cas-*

tagnore partir, était déjà au *Bigorneau*, debout sur le toit, et hissant dans la fraîche brise du matin, une flamme rouge frissonnante qui voulait dire : — Êtes-vous prêts ? signal d'appel auquel les petits mâts blanc d'argent, surmontés d'une antenne noire dont les membres du cercle avaient hérissé les toits d'Antibes, répondirent soudain en arborant une petite flamme bleue qui signifiait : — Prêts, nous le sommes ; Escragnol n'a pas sa goutte, Varangod fut sage, les blessures d'Arluc et de Barbe vont bien, l'équipage est là, on peut parer la *Castagnore !*

Le mât de Saint-Aygous ne répondit rien. Mais dans l'éblouissement de sa joie et de l'aurore, Lancelevée ne songea pas à s'en apercevoir. Varangod, Arluc et Barbe seuls l'inquiétaient. Il était sûr de Saint-Aygous.

Vers les sept heures, au moment où, les donneurs d'aubade partis, mademoiselle Cyprienne, le cœur gros à cause de sa vision de la nuit, essuyait la table et rangeait les verres, le capitaine Varangod passa. Il revenait de faire sa promenade matinale au golfe Juan, de l'autre côté du cap.

— Vous ne savez pas, mademoiselle Cyprienne ? Le phoque est revenu.

— Quel phoque ?

— Le phoque du rocher de la Fournigue.

— Ah !... répondit mademoiselle Cyprienne en laissant aller sa pensée ailleurs.

— Ils disent que c'est un phoque, reprit le capitaine, moi je soupçonne que c'est un homme. Je l'ai dit, personne n'a voulu m'écouter. Ils veulent tous que ce soit leur phoque. Ce qui n'empêche pas l'escadre américaine de tirer dessus à boulet rouge.

L'escadre américaine, de station cette année dans le golfe Juan, avait en effet choisi pour cible à ses exercices de tir l'îlot désert de la Fournigue; et pardessus la crête du cap, à quelques kilomètres, Cyprienne entendait distinctement le grondement sourd des bordées.

A ce bruit, une idée cruelle lui vint : le phoque, mais c'est Fabien! c'est Fabien que les pirates de Brin-de-Bouleau ont, par vengeance, abandonné sur ce rocher désert; c'est mon bien-aimé que l'escadre américaine canonne!

Et tandis que Varangod se dirigeait vers la ville pour revêtir, en l'honneur des courses, son costume de cérémonie, mademoiselle Cyprienne, folle de douleur, et voyant déjà, comme en rêve, son cher peintre ensanglanté sur le sable de l'îlot, gravissait à travers myrtes et cystes, à travers oliviers et pins la partie du cap qui regarde Antibes.

Arrivée sur la crête, elle s'arrêta un instant et chercha à travers ses larmes, sur la mer moirée du matin, l'escadre tonnant dans la fumée et un point, un rocher à peine visible au milieu des ricochets blancs que les boulets faisaient sur l'eau; puis redescendant la pente opposée, elle courut jusqu'à un petit canot, tout prêt à partir, amarré qu'il était avec ses rames, à l'embarcadère d'une villa.

Voici ce qui s'était passé :

La Fournigue est un petit rocher noir, si petit et si noir que, de loin, sur le fond clair de l'eau, dans cet immense espace qui sépare le cap d'Antibes des îles de Lérins, il fait assez l'effet d'une fourmi, d'une fournigue noyée.

Sur ce rocher de la Fournigue, îlot solitaire, avait, de tous temps, habité un phoque, phoque immémorial et respecté, qui venait là, chaque matin, au sortir de l'eau, chauffer au soleil provençal son ventre luisant et ses pattes courtes.

Seulement, depuis six mois, dégoûté des hommes ou mort de vieillesse, le vieux phoque ne paraissait point, et son absence désolait les habitants qui, n'ayant plus de phoque à montrer, montraient aux Anglais la place où, jadis, il y avait un phoque.

Aussi quelle joie quand, ce matin même, au petit jour, un Cannois, en chemin pour aller pêcher son poulpe, avait vu, en regardant la Fournigue par habitude, quelque chose remuer dessus !

— Le phoque ! s'était-il écrié.

Soudain, les falaises crevassées du cap, les lointains échos de l'Esterel avaient répondu : Le phoque ! et du Croton à la Napoule, dans les clos d'orangers, les olivettes et les pinèdes, parmi les chênes verts, les chênes-liéges, tout autour de la courbe blanche que trace au pied des hauteurs cultivées du golfe, la plage avec son sable fin, les fermes, les maisonnettes, les villas, balcons de roseaux et toits en terrasse, s'étaient couverts de spectateurs enthousiasmés qui, sur l'îlot de la Fournigue inondé de soleil levant, regardaient remuer le phoque.

— On dirait qu'il a grandi...

— Il marche sur ses pattes de derrière.

— Il est blanc maintenant, l'année passée il était noir.

— C'est la vieillesse... Bon vieux phoque ! N'est-ce pas dégoûtant que les Américains s'amusent à le canonner ?

— Il ne reviendra plus si on le canonne.

Vainement un promeneur d'âge rassis, possesseur d'une lunette d'approche, notre capitaine Varangod, fit-il remarquer que ce phoque à ventre blanc, monté sur des pattes de derrière très-hautes, pourrait bien être un homme vêtu de coutil.

— Un homme sur la Fournigue?... Et qu'est-ce qu'il y ferait, un homme sur la Fournigue... Et comment y serait-il allé, sur la Fournigue, puisqu'on ne voyait pas de bateau ?

Varangod se tut pour ne pas froisser la population.

La population tenait à son phoque !

Cependant, vers huit heures, l'escadre américaine cessait ses exercices de tir; les riverains du golfe, ayant assez contemplé le phoque, étaient retournés un par un à leurs occupations habituelles, et le phoque lui-même, fatigué sans doute de se tenir sur ses pattes de derrière et de faire avec ses pattes de devant des gestes désespérés et incompris, avait disparu dans un petit creux sombre que les rochers garantissaient des flèches d'or du soleil.

Mademoiselle Cyprienne ramait toujours sur sa petite barque volée.

Mais quelque diligence qu'elle y mît, quelque ardeur que l'amour lui prêtât, la digne fille de Lancelevée ne devait pas arriver première à la Fournigue.

Deux corailleurs en train de mettre à la voile pour aller traîner leurs filets sur les récifs qui sont au large, deux corailleurs du Croton, race cupide et sans respect pour les innocents amphibies, avaient fait le projet sournois de s'emparer du phoque en passant, afin de l'éduquer et de le montrer dans les foires.

Mademoiselle Cyprienne démarrait à peine qu'ils étaient déjà près de l'îlot :

— Vois-tu la bête?

— Je la vois...

— Et que fait-elle?

— *Crézé qué pesco.*

Le phoque pêchait en effet : accroupi derrière un roc qui le cachait à moitié, le phoque pêchait des arapèdes, il les détachait une par une, avec un couteau. Les corailleurs suivaient ses mouvements d'après ceux de son ombre, et s'avançaient, pleins d'émotion, tenant prêts déjà le harpon et le nœud coulant, quand, au bruit, le phoque se releva, et portant la main à son chapeau manille :

— Messieurs, dit-il, j'ai bien l'honneur...

XVI

CHASSÉ CROISÉ SUR L'EAU

La désillusion des corailleurs fut grande : avoir rêvé un phoque et mettre la main sur Saint-Aygous !

Car c'était Saint-Aygous qui, tremblant de peur, mourant de faim et transi de sa nuit passée sur le roc avec un chapeau manille pour tout abri, se mit à leur raconter des aventures invraisemblables.

Il raconta que la veille, vers minuit, au *Bigorneau* de l'Ilette, tandis que, profitant du clair de lune, il donnait à la *Castagnore* un suprême coup de pinceau, des hommes étaient venus, à pas de loup sur le sable, qui, sans mot dire, l'avaient bâillonné, garrotté, jeté en travers de leur barque, et finalement déposé sur la Fournigue, lui laissant comme provisions un paquet de tabac et une pipe.

— Et comment étaient-ils vêtus ?

— Ils avaient des bottes, une vareuse jaune et d'immenses chapeaux de paille armés d'une pointe recourbée en forme de corne de rhinocéros.

— Ça devait être des Turcs, dit l'un des corailleurs.

— Il y en a encore, conclut l'autre.

Saint-Aygous ne protesta point et leur laissa croire que c'étaient des Turcs. Il avait pourtant vaguement reconnu, par un trou du sac qui l'empaquetait, Trébaste et Miravail, les deux pirates compagnons de Fabien; il avait vaguement entendu, à travers le bâillon qui lui serrait les oreilles, la lecture d'un ordre d'exil sur l'îlot de la Fournigue pour crime de désertion et de lèse-piraterie, ordre signé Brin-de-Bouleau, reine d'un tas d'îles.

Saint-Aygous n'y comprenait rien. Mais l'enlèvement, on le devine, était le résultat d'une erreur. C'est le volage Fabien que les deux pirates croyaient ficeler lorsqu'ils ficelaient Saint-Aygous.

Faisons remarquer, dans l'intérêt de la vraisemblance, que ceci se passait la nuit; que Saint-Aygous, fortement encapuchonné par crainte du serein, était méconnaissable, et que, voyant un homme sur la grève du *Bigorneau* peindre la *Castagnore* à la lumière d'une lanterne, tout le monde eût pris cet homme pour Fabien. Ajoutons, en outre, que Miravail et Trébaste étant, l'un romancier, l'autre musicien, rien n'empêche de croire qu'ils se fussent préparés à leur haut fait par quelques libations, ainsi qu'ont coutume de le faire, pour toute entreprise importante, les membres de ces deux estimables corporations.

Saint-Aygous, préoccupé de l'idée des courses, eût

désiré se faire ramener tout droit à Antibes; mais les corailleurs ne voulurent pas. Cela les détournait trop de leur route, et puis avoir manqué le phoque les mettait de mauvaise humeur. D'ailleurs, Saint-Aygous, pris à l'improviste, n'avait pas un rouge liard sur lui. Les corailleurs consentirent pourtant, moyennant l'abandon de la pipe et de ce qui restait de tabac, à déposer le naufragé sur la pointe la plus proche de l'île Saint-Honorat, endroit solitaire, lui aussi, mais ombragé, vaste, et moins exposé que la Fournigue aux boulets et obus américains.

Là, Saint-Aygous s'assit sur un éclat de roche, à l'ombre de gigantesques fenouils, et n'hésita pas à maudire la destinée.

Cependant, à quelques cent mètres, mais de l'autre côté de l'île, Trébaste et Miravail, regrettant leur imprudente plaisanterie, très-inquiets du résultat de la canonnade, mettaient à la voile pour la Fournigue, et cela au moment même où Cyprienne y abordait.

XVII

TOUT S'ARRANGE

Les corailleurs avaient été fort étonnés de trouver sur l'îlot un homme au lieu d'un phoque; Trébaste et Miravail ne le furent pas moins lorsqu'ils y rencontrèrent, au lieu de Fabien, mademoiselle Cyprienne Lancelevée qui, croyant son amant mort, tué par les obus, emporté par la vague, voulait mourir aussi et se lamentait au bord des flots.

Les explications ne pouvaient être longues, ni long le séjour sur cet îlot tragique et désolé. Tout espoir de retrouver Fabien n'était pas perdu. Cyprienne, tandis qu'elle ramait vers la Fournigue, avait cru voir une barque montée par trois hommes s'en éloigner, et Trébaste, guidé par son flair de romancier, releva sur le sable, à côté d'une empreinte de bottines, l'empreinte toute fraîche d'une double paire de pieds nus. On amarra donc la petite barque à l'arrière du *Singe-Rouge*, et Cyprienne en larmes, Trébaste et Miravail bourrelés de remords, se rembarquèrent silencieusement pour cette île Saint-Honorat où de nouvelles surprises les attendaient.

— Fabien!... Fabien!... là-bas, dans cette crique!... s'écria tout à coup Cyprienne en montrant l'île, puis elle ajouta avec une entière mélancolie :

— L'ingrat!... le perfide! il est déjà aux genoux de mademoiselle Brin-de-Bouleau!

En effet, au fond d'une crique ensoleillée, dans le cadre en or clair des tamaris et des fenouils, un homme se détachait, à genoux devant une femme. La femme était bien mademoiselle Brin-de-Bouleau, mais l'homme, ce n'était pas Fabien.

L'homme était Saint-Aygous! et voyez comme les choses s'arrangent :

Brin-de-Bouleau, princesse des îles, venait de s'apercevoir qu'elle s'ennuyait. Régner l'avait amusée d'abord, mais ne régner que sur un musicien et un romancier devient à la longue monotone. Et puis le soir, du haut des rochers, son domaine, Brin-de-Bouleau voyait, aux deux bouts de l'horizon, étinceler, par-dessus la mer, les mille becs de gaz de Cannes et de Nice. Elle rêvait alors, pauvre petite Parisienne exilée, elle rêvait de cafés, de théâtres, de magasins illuminés, de promenades flamboyantes, et cela lui mettait un certain vague à l'âme. Que de fois, sans le mal de mer, elle serait partie! Mais la crainte du mal de mer la retenait. Pourtant, malgré les affirmations du musicien et du romancier, Brin-de-Bouleau ne concevait guère qu'une île ne touchât pas par un bout, si petit qu'il fût, à la terre ferme :

— « Trébaste et Miravail contaient des farces, on devait toujours pouvoir s'en aller d'une île à pied sec. »

Possédée de son idée fixe, Brin-de-Bouleau, ce matin-là précisément, était sortie seule de très-bonne heure, pour mettre à exécution un projet qu'elle avait combiné pendant la nuit. Projet simple et qui consistait en ceci : — Faire à pied tout le tour de l'île, tandis que le romancier et le musicien seraient en mer ; trouver le passage, et, le passage une fois trouvé, rappeler Fabien de son lieu d'exil, lui pardonner, et partir avec lui pour un endroit où l'on s'amuse.

Toute réjouie de cet espoir, Brin-de-Bouleau s'en allait, en grand costume comme toujours, ses cheveux blonds à l'air et l'ourlet de sa robe traînant le long des grèves, quand tout à coup, au tournant de la pointe où les corailleurs avaient débarqué, elle aperçut Saint-Aygous dans sa pose désespérée.

— Un homme ! s'écria-t-elle toute surprise.

— Une cocotte ! soupira Saint-Aygous délicieusement ému.

Car Saint-Aygous avait vu souvent sur la route qui va de Cannes à Nice, rouler, dans les petits paniers surmontés d'un parasol à franges qui sont les fiacres de là-bas, des demoiselles en tout point pareilles à Brin-de-Bouleau, et leur mignonne tournure, leurs petites têtes frisées tenaient dans ses rêves plus de place qu'il n'aurait convenu.

En rencontrer une dans ce lieu désert, pouvoir lui parler, la voir sourire, jugez de la joie et de l'enivrement ! Surexcité par les émotions de la nuit, énervé par le jeûne, grisé de l'odeur pénétrante des grands fenouils qu'agitait la brise marine, Saint-Aygous oublia d'un coup Antibes et les courses, la *Castagnore* et mademoiselle Cyprienne, Saint-Aygous aima Brin-de-Bouleau tout de suite; Brin-de-Bouleau, de son côté, se sentit touchée par les grandes manières de Saint-Aygous, et quand le *Singe-Rouge* aborda, les deux pirates et Cyprienne stupéfaits purent entendre cet homme grave qui, les genoux dans le sable humide, promettait à Brin-de-Bouleau de la conduire à terre sans mal de mer, et lui offrait, en échange d'un peu d'amour, son cœur, sa main, ses cent dix orangers et le petit pavillon de la Badine.

XVIII

DÉCIDÉMENT LA MÉDITERRANÉE EST BLEUE

Cependant, de l'autre côté du cap, l'heure des courses approchant, les Antibois sortaient de leurs remparts et arrivaient par groupes à l'ilette, désireux de voir le départ des coureurs, mais surtout impatients d'assister au lancement solennel de la *Castagnore* et d'admirer les manœuvres savantes des six capitaines qui la monteraient.

Bourgeois et patrons de barque, dames de la ville en toilette, paysannes paraissant plus brunes sous le blanc éclatant de leur chapeau niçois, tout Antibes se pressait autour du petit port. Le soleil, un soleil superbe! promenait capricieusement ses rayons du bonnet flottant des artisanes au plastron écarlate des servantes Brigasques. Quelle joie, coquin de sort! et quelle foule. Tant de monde surchargeait l'ilette, que l'ilette, s'il elle eût été bateau, aurait coulé à fond ce jour-là.

Pas un nuage au ciel, et juste ce qu'il fallait de brise.

Les pavillons luisaient, les voiles frissonnaient par toute la baie; et le tambour de la ville battait, battait l'appel des courses dans le bateau de la Prud'homie. Les voiliers couraient de-çà, de-là, essayant des bordées. Les rameurs s'exerçaient aussi, biceps tendus, et nus jusqu'aux hanches, dans leurs barques sans gouvernail. Car le gouvernail n'est pas admis, et l'on doit se diriger à la rame. A l'arrière du bateau, et regardant les rameurs en face, demi-nu comme les autres, un homme est assis. Des bras et du corps il bat la mesure pour que les rames tombent d'accord, il interpelle les rameurs, les encourage, les inspire :

— *Zou!* Jouzé... *Zou!* Marius... Hardi, les enfants!... et si l'haleine manque, si les poignets mollissent, si le courage vient à faillir, l'homme, sans quitter les rameurs des yeux, sans cesser de marquer la mesure avec la tête et le buste, inonde d'eau de mer, à pleine épuisette, leurs têtes frisées et leurs dos.

Tandis qu'au dehors tout était en joie, tout, à l'intérieur du *Bigorneau*, était tristesse et désespoir : Saint-Aygous disparu, Cyprienne partie! Comment s'embarquer, comment mettre à l'eau la *Castagnore?* Escragnol, Arluc, Barbe et Varangod, désespérés eux-mêmes, essayaient en vain de trouver quelques consolations pour l'infortuné Lancelevée également accablé et comme père et comme marin.

— Capitaine, voyons, capitaine!...

— Ah! mes amis, mes chers amis, ne m'appelez

plus capitaine ; vous pouvez m'appeler colonel à présent !

Fabien feignait une tristesse hypocrite. Que Saint-Aygous, comme le bruit s'en répandait dans Antibes, eût été enlevé la nuit, par de certains Barbaresques, sur une felouque, la chose ne pouvait lui déplaire. Et pour ce qui était de Cyprienne, de son inexplicable disparition, il s'en remettait volontiers à la Providence. Cyprienne ne pouvait être loin, puisque, le matin même, Varangod l'avait vue. Plus tard, on retrouverait Cyprienne ; l'important était, pour le quart d'heure, que la *Castagnore* ne partît pas.

— La *Castagnore* partira, elle partira quand même ! s'écria soudain Lancelevée. Saint-Aygous prisonnier, ma fille disparue, il y a là un cas de force majeure que les règlements n'ont pu prévoir.

— A bas les règlements ! répondirent en chœur Escragnol, Varangod, Arluc et Barbe ; mais Fabien, lui, ne parla pas, Fabien se vit perdu, Fabien devina ce qu'allait proposer Lancelevée.

— Le rhumatisme m'a roidi, je ne compte plus. Mais vous voilà cinq. Varangod, qui a l'œil bon, prendra la barre. On supprimera deux avirons. Huit bras comme les vôtres en valent douze, vos huit bras et les deux yeux de Varangod doivent aujourd'hui sauver l'honneur de la *Castagnore*.

— Vive la *Castagnore !* crièrent les cinq capitaines

moins Fabien, en se présentant sur la terrasse du *Bigorneau*.

— Vive la *Castagnore*! répondit la foule, lorsqu'elle aperçut les capitaines, radieux dans l'ombre dorée que projetait la courge en fleur.

Escragnol et Varangod enlevèrent la toile goudronnée, qui cachait la *Castagnore* aux regards du soleil antibois, et sa coque apparut, luisante et peinte comme le petit poisson bigarré qui porte le nom de *Castagnore*. Arluc et Barbe réconciliés se mirent tous deux au cabestan.

Le capitaine Lancelevée, brandissant sa béquille ainsi qu'un sabre, écarta la foule du plan incliné garni de rails en bois sur lequel allait glisser la *Castagnore* avant de plonger son avant dans les flots éclaboussés.

On se montrait les capitaines : — C'est Arluc, Barbe, Varangod, c'est Escragnol, c'est Lancelevée... il manque Saint-Aygous, on ne voit pas mademoiselle Cyprienne... et les femmes disaient en regardant Fabien :

— En voilà un qui doit bien ramer. Il a navigué partout, il paraît que c'est un pirate !

Le pirate était triste et regardait les rames avec quelque mélancolie.

— Au cabestan, tonnerre ! s'écria Lancelevée.

Les poulies grincèrent, les cordes se tendirent, et la *Castagnore* cria.

— Hardi, capitaines, encore un tour !

Encore un tour :... cran... cran... Le canot oscilla sur sa quille, la foule fit silence, Fabien, se sentant mourir, ferma les yeux.

Soudain, un horrible craquement, puis des jurons; et un immense cri poussé par la foule.

Immobile depuis deux ans sur le calcaire aigu de l'îlette, brûlée du soleil, battue du mistral, ruinée par les alternatives de la chaleur et de la gelée, la *Castagnore*, sous une secousse trop brusque imprimée au cabestan par l'irascible Barbe et le fougueux Arluc, la *Castagnore* venait de tomber en miettes.

L'heure sonnait; le tambour de ville battait toujours : ran tan plan !... ran tan plan !... sur le bateau de la *Prud'homie*; mais, de l'événement, les courses se trouvèrent retardées, et le coup de fusil, signal attendu, ne partit point.

—Sauvé ! pensait Fabien. Sa joie fut de courte durée.

Au même moment, un son de trompe retentissait en guise de salut, et, gracieusement incliné sous sa voile latine, un petit yacht, que nous connaissons, rompant la ligne des bateaux rangés déjà, venait jeter l'ancre devant le musoir du *Bigorneau*.

— Les pirates ! cria la foule.

— Le *Singe-Rouge !* soupira Fabien ; et, voyant à l'arrière une silhouette de femme, le peintre ajouta :

— Tout est perdu encore, les gredins me ramènent Brin-de-Bouleau.

Mais ce n'était pas Brin-de-Bouleau que Trébaste et Miravail ramenaient. Brin-de-Bouleau, dans la petite crique toute frissonnante de tamaris et toute embaumée de fenouils, Brin-de-Bouleau avait causé avec Cyprienne, et Cyprienne l'avait trouvée charmante.

Brin-de-Bouleau avait dit à Cyprienne :

— Mariez-vous avec Fabien, ça m'est égal si je dois garder Saint-Aygous.

Puis elle avait ajouté :

— Les demoiselles comme vous, mademoiselle, en veulent à celles comme moi; on pourrait pourtant s'arranger; vous aimeriez les gens d'esprit et nous laisseriez les imbéciles.

Brave Brin-de-Bouleau! A ce moment évadée de Saint-Honorat, elle posait son petit talon nu sur le sable de la Croisette; Saint-Aygous, aussi ingénieux que volage, lui ayant trouvé un moyen de quitter l'île, sinon à pied, du moins sans mal de mer.

Brin-de-Bouleau avait revêtu un caleçon, Saint-Aygous s'était embarqué sur le bateau ravi par Cyprienne, et, lui ramant, Brin-de-Bouleau remorquée, et pareille à Vénus dans le remous blanc laissé par la barque, tous deux venaient d'arriver à Cannes, terre civilisée où les cafés ne manquent pas.

Trébaste, du haut du *Singe-Rouge*, voulait raconter tout cela.

— Chut! dit Fabien, je me marie.

Puis, sans attendre des explications qu'il craignait,

il baisa la main que mademoiselle Cyprienne lui tendait par-dessus le bordage.

— Capitaines! la *Castagnore* est morte, mais le *Singe-Rouge* nous offre son bord. Aujourd'hui le cercle nautique ira à la voile!

On s'embarqua.

Pauvre *Castagnore!* soupirait Lancelevée en regardant les débris noirs qui jonchaient l'ilette.

— Bah! nous avons de nouvelles courses dans deux mois. La *Castagnore*, dans deux mois, sera réparée.

A ces mots, Fabien pâlit.

Mais Cyprienne se penchant à son bras :

— Nous serons mariés d'ici là, Fabien. Nous irons à Paris, Paris n'est pas loin de Chennevières, et là, monsieur le paresseux, on vous apprendra à ramer.

Un coup de fusil, les bateaux s'ébranlent.

— Regarde, Fabien, la mer est bleue, criaient Trébaste et Miravail.

La mer, en effet, était bleue ce jour-là, bleue d'un bleu intense, bleue à ce point sous le ciel bleu, qu'il aurait suffi au peintre de tremper son pinceau dans l'eau pour trouver le ton exact du ciel. Mais tout l'azur de la Méditerranée ne valait pas pour lui, à ce moment, le bleu charmant et malicieux qui riait dans les yeux de mademoiselle Cyprienne Lancelevée.

FIN.

TABLE

JEAN-DES-FIGUES

		Pages
I.	Les figues-fleurs...	2
II.	L'oreille gauche de Blanquet...	7
III.	Souvenirs d'enfance...	13
IV.	L'âme de mon cousin...	19
V.	Où Scaramouche aboie...	27
VI.	Un peu de physiologie...	34
VII.	Cantaperdix Civitas...	42
VIII.	Palestine et Maygremine...	49
IX.	Au fou!... Au fou!...	55
X.	Les quatuors d'été...	61
XI.	Roméo et Juliette...	68
XII.	Départ sur l'âne...	72
XIII.	Fuite de Blanquet...	77
XIV.	Une première...	81
XV.	Sur l'Impériale...	86
XVI.	Le Cénacle...	90
XVII.	La Grecque des îles...	96
XVIII.	Roset raconte son histoire...	104
XIX.	Fin de l'histoire de Roset...	109
XX.	Et Nivoulas?...	114
XXI.	L'Hôtel de Saint-Adamastor...	118
XXII.	Le Corset rose...	123

		Pages
XXIII.	Amère dérision	128
XXIV.	Le songe d'or	134
XXV.	Une idylle	140
XXVI.	Les noces de Roset	147
XXVII.	Retour au pays	154
XXVIII.	Méfaits d'un habit noir	160
XXIX.	Cet imbécile de Nivoulas	167
XXX.	Est-ce qu'on sait?... Allez-y voir!	173
XXXI.	Le verre d'eau	179

LE TOR D'ENTRAŸS

I.	Bon courage, Balandran!	189
II.	Balandran rencontre un vieux qui lave ses guêtres	192
III.	La maison du Riou est en joie	196
IV.	Le roman d'Estève	200
V.	Le château d'Entraÿs, le Plan, le Tor	205
VI.	Les petits papiers de l'abbé Mistre	211
VII.	Mademoiselle Jeanne acceptera	216
VIII.	Estève se console	220
IX.	Les enfants sont fiers mais les vieux peuvent s'entendre	224
X.	Comme quoi le Tor d'Entraÿs fut vendu	228

LE CLOS DES AMES

I.	Ce qu'était le clos	235
II.	Ce qu'était M. Sube	237
III.	Sube le blanc et Sube le rouge	239
IV.	Une vieille maison	241
V.	Musée Tirse et Salle Sube	244
VI.	Voyage de découvertes	246
VII.	Le sourire de M. Tirse	249
VIII.	Domaines nationaux	250
IX.	Le champ de sainfoin	252

LA MORT DE PAN 257

LE CANOT DES SIX CAPITAINES

	Pages
naufrage du *Singe-Rouge*...	272
ntrepont mystérieux...	277
elques récits de voyage...	280
Bigorneau et la Castagnore...	285
petit port de mer...	290
Méditerranée est-elle bleue?...	292
emoiselle Cyprienne et Mademoiselle Brin-de-Bouau...	296
tures murales...	300
ims et fleurs...	304
Bouée-Poste...	308
mariage au Clair de Lune...	312
un sort sur la Castagnore...	318
'une langouste peut contenir...	324
ement nocturne...	327
oque et les Coralleurs...	331
-croisé sur l'eau...	338
'arrange...	341
ment la Méditerranée est bleue...	345

FIN DE LA TABLE

RIMERIE DE E. MARTINET, RUE M GNON, 2.

www.ingramcontent.com/pod-product-compliance
Lightning Source LLC
Chambersburg PA
CBHW050756170426
43202CB00013B/2444